통째로 외우는
일본어 프리토킹 공부법

한우영 지음

제일어학

들어가며

국제화 시대에 발맞추어 세계는 점점 가까워지고 있다. 특히 일본은 가깝고도 먼 나라이지만, 서로간의 문화 개방으로 이전보다 더욱 가까워졌다. 또한 한국의 한류 스타 덕분에 일본 사람들은 이전보다 더 한국에 대해서 관심을 가지게 되었다. 그리고 이러한 일본인과 소통하기 위해 많은 한국인이 일본어를 배우고 있다. 그리고 그 사람들 마음속에는 누구나 일본인과의 원활한 프리토킹을 꿈꾸고 있을 것이다.

그러나 현실은 그렇지 못하다. 일본어 자격증은 있지만 프리토킹이 원활이 되지 못하는 사람이 많이 있는 것 같다. 그 사람들이 진정 바라던 것은 단지 자격증뿐이었을까? 아마도 자격증과 함께 원활한 프리토킹이었을 것이다. 그래서 필자는 일본어를 공부하는 많은 사람이 왜 프리토킹이 원활하게 되지 않는지에 대한 원인을 규명하고 그에 대한 자세한 해답을 제시하고자 이 책을 출간하게 되었다.

이 책에는 필자가 지난 몇 년 동안 일본어에 관해 공부하면서 또 일본어에 관계된 일을 하면서 보고 듣고 느낀 부분을 체계적으로 정리한 내용들이 담겨 있다. 일본어를 공부하는 사람들이 주로 갖는 잘못된 생각들이나, 잘못된 고정 관념, 그리고 잘못된 공부 방식에 대해 이야기하고 그에 대한 해결책을 제시해 놓았다.

이 책이 일본어를 공부하는 많은 사람들에게 조금이라도 도움이 된다면 더 바랄 것이 없겠다. 필자는 자신한다. 필자를 믿고 이 책에 있는 대로만 하면 2년 안에는 반드시 일본어 프리토킹의 달인이 될 수 있을 것이다.

2부 통째로 외우는 일본어 프리토킹 문법 105

1부

통째로 외우는
일본어 프리토킹
공부법 51

01 회화에서는 문법이 제일 중요하다

회화에서는 문법이 제일 중요하다. 그런데 한때 문법이 중요하지 않다는 이야기를 많이 했었다. 하지만 그 말은 문법 자체가 중요하지 않다는 것이 아니라 외국어를 마치 수학 공부하듯이 문법(공식)에만 치중했기 때문에 나온 말이다. 문법에 너무 치중을 해서는 안 되겠지만, 그렇다고 문법이 중요하지 않다는 것은 아니다. 문법이 체계적으로 정립되어 있지 않으면 반드시 어느 순간 한계에 도달하게 된다. 그렇기 때문에 문법을 반드시 우선적으로 공부해야 한다. 문법은 건물로 치면 뼈대라고 볼 수 있다. 뼈대가 없으면 건물은 금방 무너지는 것처럼 문법을 잘 모르면 결국 어느 순간 무너지게 되어 있다.

그래서 공부하는 방법은 예를 들어 〈たい:~하고 싶다〉라는 문법이 나오면 이 〈たい:~하고 싶다〉라는 문법에 관한 체계적인 고찰을 한 후 이 〈たい〉라는 문법에 접속될 수 있는 모든 종류의 문법 형식을 숙지해야 하고, 그 문법 형식에 관한 각각의 예문을 보통 5개 정도는 외워야 한다.

예문을 들어보면

예문1. 何_{なに}か話_{はな}したいことがありますか。: 뭔가 이야기하고 싶은 것이 있습니까?(긍정)

예문2. 君_{きみ}がここに来_きた理由_{りゆう}は聞_ききたくない。: 네가 여기에 온 이유는 듣고 싶지 않다.(부정)

예문3. 彼氏_{かれし}に会_あいたかったので行_いきました。: 애인을 만나고 싶었기 때문에 갔습니다.(과거)

예문4. 私_{わたし}は学校_{がっこう}に行きたくなかったんです。: 나는 학교에 가고 싶지 않았습니다.(과거부정)

예문5. 家_{いえ}に帰_{かえ}りたくてたまらなかったんです。: 집에 돌아가고 싶어서 참을 수가 없었습니다.(~하고 싶어서)

이렇게 5개 정도는 외워야만 〈たい〉를 이용한 어느 정도의 문장 형식을 인식한 것이다.

예문1의 〈話したいこと(이야기하고 싶은 것)〉은 긍정 표현이고 예문 2의 〈聞きたくない(듣고 싶지 않다)〉는 부정 표현인데, 긍정 표현의 예문만 입으로 외우고 부정 표현의 예문은 입으로 외우지 않으면 부정 표현의 예문은 입에 배어 있지 않기 때문에 일본인과의 프리토킹에서 절대로 입으로 나오지 않는다. 결국 〈たい〉로 표현할 수 있

는 모든 표현을 다 외워야 한다. 언제 어떤 상황에서 어떤 식의 말을 할지 모르기 때문에 모든 상황의 예문을 외워야 한다. 결국 이러한 것도 문법을 알아야 가능한 것이다.

결론은 문법을 이해한 다음, 그 문법을 이용한 모든 종류의 예문을 다 외워야 한다. 긍정 표현, 부정 표현, 반말 표현, 존대말 표현, 과거 긍정 표현, 과거 부정 표현, 모든 표현 방법에 관한 예문을 다 외워야 한다. 예문이 없다면 직접 만들어 보는 것도 괜찮다. 그런데 그렇게 예문을 너무 많이 만들어 버리면 분량이 너무 많아져서 질려 버리기 쉽기 때문에 그냥 그 교재에 나와 있는 예문이라도 확실히 외워라. 이런 모든 활용 역시 문법을 알아야 가능한 것이다.

책을 동시에 두 권보면 반드시 실패한다

여기서 내가 말하는 두 권이라는 것은 문법책 두 권 아니면 단어장 두 권처럼 같은 종류의 책 두 권을 의미한다. 쉽게 말해 일본어라는 외국어를 익힐 때는 문법책 한 권, 한자책 한 권, 듣기책 한 권, 독해책 한 권, 이렇게 네 권만을 공부하되 동시에 문법책 두 권 이런 식으로는 공부하면 안 된다. 또한 문법책은 일본어능력시험(JLPT)을 기준으로 한다면 N1, N2, N3, N4, N5 각각 한 권씩만 있으면 충분하다. 듣기 같은 경우는 책을 많이 공부하면 할수록 좋지만 필자 생각에는 다섯 권 정도면 충분할 것 같다.

그런데 여기서 중요한 것은 다섯 권의 듣기책을 동시에 보는 것이 아니라 한 권을 완전히 마스터한 다음에 다른 책을 봐야 한다는 것이다. 여기서 마스터한다는 의미는 그 듣기책의 모든 문장을 아주 미세한 토씨 하나 안 틀리고 다 알아들을 수 있게 된다는 것을 의미한다. 이렇게 되려면 이 듣기책도 100번 이상 반복해서 들어야 할 것이다. 또한 그 듣기책 속에 있는 문장을 완벽히 들을 수 있는 정도로만 끝나는 것이 아니라 입으로도 완전히 외워야 할 것이다.

그렇게 했으면 다음 책으로 넘어가면 될 것이다. 그렇게 하면 두 번째 책은 첫 번째 책보다 한결 마스터하기가 쉬울 것이다. 왜냐하면 중복되는 내용이 반드시 많이 나오기 때문이다.

필자가 여기서 말하고 싶은 요지는 동시에 같은 종류의 책 두 권을 공부하게 되면 마음만 급해지고 욕심만 더 앞서진다는 것이다. 그래서 이 책을 보고 있으면 저 책이 생각나고, 또 저 책을 보고 있으면 이 책이 생각나서 어느 것 하나에도 집중이 잘 안 되고 분량만 많아지기 때문에 결국 이것도 저것도 제대로 못하게 된다. 이 책이나 저 책이나 어차피 내용이 중복되는 것이 많기 때문에 한 권을 봐도 충분하다.

그래도 굳이 두 권을 다 봐야겠다면 한 권을 마스터한 다음에 다른 책을 보는 것이 능률적이다. 단, 다시 말하지만 한 권의 책을 마스터하기 전까지는 절대로 다음 책을 봐서는 안 된다.

문법책의 경우는 그 문법책 안에 있는 모든 문법에 관한 예문을 완전히 다 외워야 한다는 것을 의미한다. 쉽게 말해서 문법책 안의 모든 예문을 다 외워야 한다는 것이다. 문법책 안에 있는 문법적인 내용을 공식화해서 그 공식만 외우고 그 공식을 이용한 예문을 외우지 않으면 실제 일본인을 만났을 때 전혀 쓰임이 되지 못한다.

예를 들어 〈話す〉라는 동사가 있는데 뜻은 〈이야기하다〉이다. 그리고 〈話す〉의 가능 표현은 〈話せる = 이야기할 수 있다〉라는 것만 외워서는 실제 외국인을 만나서 〈話せる = 이야기할 수 있다〉라는

단어를 이용한 문장을 말해야 하는 경우 또 다시 즉석 일작문을 해야 하고, 이런 즉석 일작문을 해야 할 상황에서 사람들이 자주 하는 제스처는 〈음~아~〉이다. 〈음~아~〉를 말하고 있는 상황에서는 머릿속에서 즉석 일작문을 하느라 바쁘고 상대방은 계속 기다리고 있을 수밖에 없다. 외워 놓은 문장(문장 구조)이 없기 때문에 자연스러운 대화가 불가능한 것이다. 결국 문법책에 나와 있는 예문(완전한 문장)을 외우면 실제 회화에서 단어만 바꾸면 대화로 연결이 될 수 있다는 것이다.

03 문장 암기 요령

　어떤 사람은 암기를 잘하고 어떤 사람은 암기를 잘하지 못하는 경우가 있다. 그렇다면 암기를 잘하고 못하는 사람의 차이점은 무엇일까? 물론 개인의 노력과 의지력의 차이 아니면 지능지수(IQ)의 차이로 설명할 수도 있겠지만, 더 중요한 것이 있다. 바로 암기 요령을 아느냐 모르느냐에 있다. 그렇다면 먼저 대부분의 사람들이 쓰고 있는 암기 요령에 대해 설명하고 나서 필자의 암기 요령에 대해 소개하겠다.

　예를 들어 200쪽이 되는 일본어 문법책이 있다고 하고 10쪽의 문장을 모두 외우는 데 2시간이 걸린다고 하자. 대부분의 사람들은 첫날 1쪽에서 10쪽까지의 문장을 2시간 동안 외운다. 여기까지는 아무런 문제가 없다. 그러나 그 다음날부터 문제가 생긴다. 대부분의 사람들은 두 번째 날에 11쪽에서 20쪽의 문장을 외워야 하지만 그것을 보기 전에 혹시 어제 힘들게 외운 1쪽에서 10쪽의 문장들을 잊어버릴까 해서 1쪽에서 10쪽의 문장을 복습한다.

　바로 이것이 문제이다. 결론부터 말하면 복습을 하면 안 된다. 왜

나하면 두 번째 날에는 11쪽에서 20쪽의 문장을 보는 것이 중요한데 1쪽에서 10쪽까지의 문장을 복습한다고 30분이라는 시간을 날려버린다. 결국 두 번째 날에는 20페이지까지의 문장을 외우는 데 2시간 30분이 걸린다. 30분 초과된다. 그리고 3일째되는 날에는 21쪽에서 30쪽의 문장들을 외워야 하지만, 역시 대부분의 사람들은 1쪽에서 20쪽까지의 문장들을 또다시 복습한다. 결국 복습하는 데에만 45분이 걸린다. 왜 45분이냐 하면 1쪽에서 10쪽의 문장은 세 번째 보는 것이기 때문에 15분 만에 복습할 수 있고 11쪽부터 20쪽까지의 문장들은 두 번째 보는 것이기 때문에 30분이 걸린다.

그래서 3일째에는 21쪽에서 30쪽의 문장들을 다 외우는 데 2시간 45분이 걸린다. 4일째 날에는 31쪽에서 40쪽까지의 문장들을 다 외우는 데 3시간이 걸리고 5일째에는 41쪽에서 50쪽까지 다 보는 데 3시간 30분이 걸린다. 결국 가면 갈수록 복습을 해야 할 시간이 점점 많아져서 대부분의 사람들이 70쪽을 넘기지 못하고 포기를 한다. 결과적으로 1쪽에서 10쪽까지의 문장들은 완벽하게 외우지만 뒤쪽으로 가면 갈수록 문장들이 기억이 나지 않는 것이다. 나중에 보면 191쪽부터 200쪽까지의 문장들은 결코 책 주인을 만나지 못하게 되는 것이다. 1쪽에서 10쪽까지의 문장들은 아주 중요하고 191쪽부터 200쪽까지의 문장들은 외울 필요가 없는 문장들인가? 그것은 아니다. 모두 중요한 문장들이다. 그렇다면 공평하게 외워야 하지 않겠는가.

그러면 여기에서 필자의 암기 요령에 대해 설명하겠다. 이 암기 방식은 필자가 새롭게 만든 것이 아니라 원래 있던 방식인데 많은 사람들이 잘 모르기 때문에 소개한다.

일단 첫날에는 1쪽에서 10쪽까지의 문장들을 외운다. 그리고 그 다음날에는 절대로 1쪽에서 10쪽까지의 문장들을 복습하지 않는다. 복습하지 않으면 잊어버리지 않을까 걱정이 될 수도 있겠지만, 그래도 복습하지 않는다. 쳐다보지도 말고 11쪽에서 20쪽까지의 문장만 본다. 그리고 그 다음날에는 21쪽에서 30쪽의 문장들만 보고, 그 다음날에는 31쪽에서 40쪽의 문장들만을 공부한다. 그렇게 해서 마지막 191쪽부터 200쪽까지 가면 정확히 20일이 된다.

그리고 21일째 날에는 다시 1쪽에서 10쪽을 본다. 문장들이 굉장히 새롭게 느껴지고 한 번도 본 적이 없는 것 같은 느낌이 든다. 1쪽에서 10쪽까지의 문장들을 외우는 데 또 2시간이 걸린다.(사람에 따라서는 2시간보다 적게 걸릴 수도 있다.) 그렇게 두 번째로 200쪽까지 가는 데 또 20일이 걸린다.

그러나 세 번째부터는 뭔가 달라진다. 2시간 만에 1쪽에서 20쪽까지 외울 수 있다. 쉽게 말해 외우는 속도가 빨라진다는 것이다. 그러면 세 번째로 이 책을 볼 때는 200쪽까지 가는 데 10일밖에 걸리지 않는다. 네 번째로 반복해서 문법책을 외우면 200쪽까지 가는 데 7일이 걸리고, 다섯 번째 반복해서 보면 6일, 여섯 번째 반복해서 보면 5일이 걸린다. 그렇게 10회 반복해서 문법책을 외우면 200

쪽까지 가는 데 3일이 걸린다. 하루에 2시간씩 대략 70쪽을 본다는 것이다.

그렇게 20회를 반복해서 읽으면 끝까지 보는 데 2일, 30회를 반복하면 1일, 40회를 반복하면 3시간 만에 처음부터 끝까지 볼 수 있고, 50회를 반복하면 2시간, 60회를 반복하면 1시간 만에 200쪽 되는 문법책을 다 볼 수 있다는 것이다. 여기서 다 본다는 것은 다 외운다는 것이다. 그래서 70회 이상 반복해서 보면 엄청난 스피드로 단어들이 인식이 되고, 100회를 넘기면 이미 문법책과 나는 하나가 되는 경지에 이르러 더 이상 그 책을 볼 필요가 없게 된다.

암기를 잘하려면 먼저 사람의 뇌에 대해서 잘 알아야 한다. 사람의 뇌 기억은 의식 속의 기억과 무의식 속의 기억으로 나뉜다. 의식 속의 기억은 굉장히 많은 반복으로 인해 항상 우리의 의식 속에 있는 기억으로 모국어, 우리 집 위치 등등이 이에 속한다. 반면에 무의식 속의 기억은 거의 반복적이지 못한 일시적인 기억으로서 20일 전에 처음 보았던 문장라든가 10년 전에 5분 정도 이야기한 사람 얼굴 등등이 이에 속한다. 20일 만에 1쪽의 문장을 보면 굉장히 새롭게 느껴지고 처음 본 문장처럼 느껴진다. 하지만 그 단어가 내 기억 속에서 사라진 것은 아니다. 단지 저 깊숙한 무의식 속의 기억 속에 있기 때문에 끄집어내는 데 시간이 좀 걸릴 뿐이다.

사람의 뇌 용량은 상상할 수 없을 만큼 크기 때문에 한 번 본 것은 바로 뇌 기억 속에 저장을 시키고 절대 삭제가 되지 않는다. 단지 반복적으로 그 기억을 끄집어내지 않으면 깊은 무의식 속에 존재하기 때문에 사라진 것처럼 느껴질 뿐이다. 그래서 계속 반복적으로 그 기억을 끄집어내면 낼수록 점점 의식 속의 기억으로 자리매김해 나가는 것이다.

그래서 100회 정도를 보면 완전한 의식 속의 기억으로 자리매김하면서 원할 때 언제든지 생각해 낼 수 있는 문장이 되는 것이다. 왜 1쪽에서 10쪽까지의 문장들은 귀빈 대접을 받고 191쪽부터 200쪽까지의 문장들은 푸대접을 받아야 하는 것인가? 모든 문장들을 공평하게 외워야 할 것이다.

문법책을 100회 본다는 것이 굉장히 힘들 것처럼 보이지만 반복하면 반복할수록 외우는 속도가 빨라진다는 것을 알아야 한다. 그래서 나중에 70회 이상 반복하면 대개 이틀 만에 문법책 한 권을 다보는 경지가 된다. 그렇게 해서 대개 한 권의 책을 마스터하는 데 8개월 정도가 걸린다. 그런데 필자가 이렇게 말하면 꼭 이런 질문을 하시는 분이 있다. "무슨 책 한 권 끝내는 데 8개월씩이나 걸립니까? 2~3개월이면 끝내야죠. 시간도 없는데요."

그때 필자는 이렇게 대답한다. "2~3개월 안에 문법책 한 권을 끝낸다면 당신은 그 문법책 안에 있는 모든 문장을 전혀 머뭇거리거나 망설임 없이 말할 수 있습니까? 못 할걸요. 저는 8개월 만에 문법책 한 권을 끝냈지만, 저는 이 문법책 안에 있는 모든 문장을 머뭇거리거나 망설임 없이 말할 수 있습니다."

책을 많이 보는 것이 중요한 것이 아니다. 한 권을 보더라도 그 안에 있는 모든 것을 자기 것으로 만들어야 한다. 그렇지 않다면 다 보았다고 하더라도 그것은 수박 겉 핥기식의 공부 방식에 불과하다. 8개월 만에 한 권만을 끝냈지만, 그 사람은 그 문법책 안에 있는 1,000개 이상의 문장을 마치 원어민처럼 말할 수 있게 되는 것이다. 그것은 어마어마한 것이다. 그 사람은 최소한 1,000개의 문장을 활용해 최대 3만 개까지의 문장을 구사할 수 있게 되는 것이다.

보통 한 권의 문법책이나 문제집에는 대략 1,500개에서 2,000개 정도의 문장이 있다. 그리고 웬만한 모든 책들이 서로서로 문장이 많이 중복된다. 문장의 내용은 전혀 다르지만, 그 문장의 구조 형식은 중복되는 것이 많다는 것이다. 그래서 한 권의 책을 마스터하면 다음 책을 마스터하는 데 훨씬 시간이 단축된다. 그래서 첫 번째 책을 끝내는 데 대략 8개월이 걸리고, 두 번째 책을 끝내는 데는 대개 5개월 정도가 걸리고, 세 번째 책을 끝내는 데는 3개월, 그리고 네 번째 책을 끝내는 데는 2개월 정도밖에 시간이 걸리지 않는다.

지금까지 대부분의 사람들의 암기 방식과 필자의 암기 방식에 대해 소개했다. 외국어는 결국 암기와의 한판 승부이다. 얼마나 많은 문장을 외웠느냐가 바로 얼마나 많은 말을 할 수 있는가를 나타낸다. 단, 누차 이야기하지만 반드시 문장을 외우기 전에 그 문장의 문법적인 구조를 확실히 이해하고 나서 외워야 한다. 그렇지 않으면 반드시 어느 순간 한계가 닥쳐올 것이다.

04 자신이 따로 단어장을 손수 만드는 것은 시간 낭비이다(그 시간에 입으로 외워라)

　일본어를 공부하는 사람들 중에 손수 자신의 단어장을 만드는 사람이 있다. 그런데 이런 행동은 하지 않았으면 한다. 이유는 시간이 아깝다는 것이다. 왜냐하면 단어장을 손수 만들려면 손으로 뭔가를 써야 할 것이고, 외국어라는 것은 손으로 뭔가를 쓰면 자연히 말을 안 하게 되기 때문이다. 이 부분에 대해서는 뒤에 자세히 설명하겠지만, 외국어를 공부하는 궁극적인 목표는 일본인과의 원활한 의사소통이다.

　그런데 계속 뭔가를 쓰는 버릇을 버리지 않으면 말을 하기가 아주 어려워진다. 왜냐하면 사람이 문장을 손으로 쓰는 속도와 읽는 속도는 아주 차이가 많이 나는데, 이 속도의 차이로 인해 쓰는 것과 말하는 것의 속도가 맞지 않아서 자연히 둘 중에 하나는 포기하게 된다. 그런데 대부분의 사람들은 쓰기보다는 말하기를 포기하는 경향이 많다. 왜냐하면 대부분의 사람들은 도서관에서 외국어 공부를 하는 경우가 많은데, 도서관이라는 장소는 말을 하면 안 되는 곳이기 때문에 결국 쓰기보다는 말하기를 포기하게 되는 것이다.

결국 점점 외국어를 공부하는 궁극적 목적에서 멀어져 가는 것이다. 그래도 욕심을 내서 읽으면서 쓰려고 하더라도 손으로 쓰는 속도가 아주 빨라져서 입으로 말하는 속도와 같아지지 않는 한 결국 아주 느릿느릿한 이상한 발음으로 문장을 읽으면서 쓸 수밖에 없게 된다. 그렇기 때문에 손수 단어장을 만드는 것은 프리토킹의 실력을 늘리는 데에는 별로 도움이 되질 않는다. 오히려 프리토킹을 못하게 만드는 장애물이 될 수도 있다.

단어장을 하나 만들더라도 하나의 단어를 쓰고 그 단어를 이용한 예문을 써야 할 것이고, 그렇게 계속 단어와 예문을 쓰다 보면 단어장 하나 만드는 데도 굉장히 많은 시간이 걸린다. 결국 그 시간에는 말을 안 하는 것이다. 외국어는 하루라도 입으로 문장을 외우지 않으면 프리토킹의 감이 뚝 떨어진다. 그런데 이 중요한 시점에서 단어장을 만든다고 도서관 안에서 입을 닫고 계속 글을 쓰고 있다는 것은 정말 프리토킹과는 전혀 맞지 않는 이상한 외국어를 공부하는 것이라고 할 수 있다. 차라리 그 시간에 서점에 있는 괜찮은 단어장을 사서 입으로 외워라. 요즘 서점에 나와 있는 단어장들을 보면 굉장히 보기도 편하게 잘 나와 있다. 자신이 손수 만든 단어장보다는 훨씬 괜찮다고 장담한다.

05 외국어는 외우면 외울수록 외우는 속도가 점점 더 빨라진다

앞에서 100회를 어떻게 다 보느냐고 했는데 그것에 대한 대답을 하겠다. 사실 이 질문에 대한 대답은 이미 앞에서 다 했다.

처음 한 번을 다 보는 데에는 꽤 시간이 걸린다. 두 번째 볼 때도 꽤 시간이 걸리지만 처음보다는 조금 빨라진다. 세 번째도 어느 정도 시간이 걸리지만 두 번째보다는 좀 더 빨라진다. 그렇게 다섯 번째를 넘기면 꽤 속도가 빨라지고, 10번째를 넘기면서부터 발동이 걸리기 시작한다. 그래서 20번째를 넘기면 속도가 몇 배로 빨라지면서 30번째를 넘기면 어마어마한 속도로 진도가 나가게 되고, 40번째를 넘김으로써 비로소 책을 한 번 보는 데 3일밖에 걸리지 않게 된다.

50번째를 넘기면 이틀, 60번째를 넘기면 하루, 70번째를 넘기면 3시간 만에 끝낼 수 있고, 80번째를 넘기면 2시간 만에, 90번째를 넘기면 1시간 만에 처음부터 끝까지 다 볼 수 있게 된다. 그 후 100번째가 되면 그때는 1시간 만에 한 권의 책을 처음부터 끝까지 다 볼 수 있게 된다.

1시간 안으로 단축하기는 어렵다. 책 읽는 속도가 있고 책 넘기는 시간이 있기 때문에 더 이상 속도를 줄일 수는 없다. 물론 이것은 책의 페이지와 난이도에 따라 어느 정도 차이는 있겠지만, 이렇게 한 권의 책을 끝내는 데 대개 6개월이 걸린다.

그런데 두 번째 책을 끝내는 데에는 대략 4개월, 세 번째 책을 끝내는 데는 3개월 정도, 네 번째 책을 끝내는 데는 2개월, 다섯 번째 책을 끝내는 데도 2개월이다. 2개월 이하는 내려가기 힘들다.

듣기도 마찬가지이다. 예를 들어 듣기 평가 문제집 안에 CD가 5개 있다고 하자. 듣기 공부에 대한 방법은 앞에 이미 설명해 놓았지만 다시 반복해서 설명하면 하나의 CD를 완전히 통달하는 데는 대략 3개월이 걸린다. 여기서 통달했다는 말은 그 CD의 내용을 굳이 한국어로 해석을 안 해도 그 자체로 이해되어서 흡수되는 차원이면서 또 그 CD 안에 있는 모든 문장을 전혀 머뭇거림 없이 말할 수 있는 정도를 말한다. 즉 완전히 모국어처럼 느끼는 정도이다.

첫 번째 CD를 통달한 후 두 번째 CD를 끝내는 데는 2개월 반이 걸릴 것이다. 물론 사람마다 오차가 꽤 있겠지만 말이다. 세 번째 CD를 끝내는 데도 2개월 정도가 걸릴 것이다. 네 번째 CD를 끝내는 데는 1개월 반, 다섯 번째 CD를 끝내는 데는 1개월이 걸릴 것이다. 1개월 이하로 내려가지는 않을 것이다.

여기서 1개월 만에 끝낸다는 것은 하루에 3시간씩 달달 외웠을 때의 이야기이다. 결국 외국어는 외우기와의 싸움이고, 외우기를 하면 할수록 외우는 속도가 빨라지고, 똑같은 시간에 점점 더 많은 분량을 공부할 수 있게 되는 것이다. 그렇게 때문에 한 권의 책을 100번 본다는 것이 결코 어려운 일은 아니다. 누구나 할 수 있다. 단지 마음을 독하게 먹어야 한다는 것이다. 결코 어렵지도 않지만 결코 쉽지도 않다.

06 외국어 능력의 향상 그래프는 계단식이다

일본어를 공부하는 사람들이 자주하는 말이 있다. "아무리 공부를 해도 실력이 오르지 않는 것 같다." 이유는 간단한다. 외국어 능력의 향상 그래프는 계단식이기 때문이다. 쉽게 말해서 계단식이라는 것은 아래의 그래프와 같다. 실력이 점점 향상되는 것이 아니고, 어느 순간에 갑자기 실력이 향상된다는 의미이다.

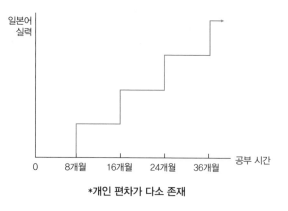

*개인 편차가 다소 존재

필자도 이것을 경험한 적이 있다. 아무리 문장을 외우고 단어를 외워도 일본인 앞에만 서면 그 외웠던 문장과 단어들이 하나도 생각이 나질 않고 답답하기만 했다. "왜일까? 분명히 방금 일본인과의 대화에서 내가 이전에 외웠던 문장을 말하면 되는 상황이었는데 왜 그 문장이 입에서 나오질 않았을까?"라는 생각을 수도 없이 했다. 그래도 다시 외우고 또 외우고 노력하고 또 노력해서 문장을 외우고 단어를 외우자 어느 날 갑자기 말문이 터지듯이 하고 싶은 말이 홍수처럼 나왔다.

　필자는 그때 자신의 입을 의심했다. "내 입에서 어떻게 이런 어려운 말이 나올 수가 있을까? 이게 내 입이 맞나?" 이런 의심이 될 정도였다. 필자는 단지 "오늘의 회화 주제가 너무 쉽기 때문이 아닐까? 다시 안 되겠지?" 하며 그냥 대수롭지 않게 생각했다. 하지만 그 다음날에도 말이 나오고 그동안 외운 문장들이 동시다발적으로 생각이 나면서 어느 문장부터 말해야 할지 정신이 없이 말해 버렸다. 그 다음날도 그 다음날도 필자의 입은 정신없이 뭔가를 말하고 있었다. 그제서야 그 이전에 누가 계단식 어쩌고 하는 이야기가 떠올랐다.

　그렇다. 외국어의 능력 향상에 대한 그래프는 계단식이다. 다음 쪽의 그래프를 보며 설명하겠다. 이 그래프는 단어, 한자, 숙어, 문장 모두 것에 적용된다. 물론 사람에 따라 오차는 충분히 있겠지만 대략 이렇다고 할 수 있다.

　여기에 보면 세로에는 반복 횟수가 나온다. 여기서 반복 횟수라는 것은 예를 들어 200쪽이 되는 일본어 단어장 맨 처음 나오는 단어가 〈乗る: ~을 타다〉라고 하자. 그리고 〈乗る〉라는 단어를 이용한 예문

반복횟수

100회 ⋮ ⋮ 63회 62회 61회 60회	[완전한 의식의 기억 속에 단어가 있을 경우 그 단어를 말해야 할 상황이 되면 바로 입에서 0.1초 만에 나온다.]
⋮ 33회 32회 31회 30회	[의식의 기억 속에 단어가 있을 경우 생각하면 기억 속에서 떠 오르긴 하지만 오른쪽으로 갈수록 더 떠오르는 속도가 빨라짐]
⋮ 4회 3회 2회 1회	[무의식의 기억 속에 단어가 있을 경우 거의 아무리 생각해도 떠오르지 않고 설령 그 단어를 봐도 뭔가 생소함]

〈200페이지 안의 모든 단어, 문장〉

이 〈私はバスに乗りました。: 나는 버스에 탔습니다.〉라고 하자. 그
러면 〈乗る〉와 〈乗る〉를 이용한 예문 〈私はバスに乗りました。〉를
완전히 외웠으면 그것이 1회 반복을 한 것이고, 그 200쪽이 되는 단
어장의 맨 끝 단어와 그 단어를 이용한 예문을 완전히 외우고 나서
다시 처음으로 돌아와서 〈乗る〉와 〈私はバスに乗りました。〉를 다
시 완전히 외우면 이것이 2회 반복이 되는 것이다.

그렇게 30회를 반복하기까지는 〈乗る〉와 〈私はバスに乗りまし
た。〉라는 문장은 무의식의 기억 속에 있기 때문에 일본인을 만나
이 문장이나 이 문장과 비슷한 문장을 말해야 할 경우 잘 생각이 안

나게 된다. 말도 잘 안 나온다. 하지만 31회째 반복을 하는 순간 이 200쪽 안에 있는 모든 단어와 그 단어를 이용한 문장들이 의식 속의 기억으로 자리매김하면서 비로소 일본인과의 대화에서 입으로 나오게 되는 것이다.

이 순간에 바로 많은 사람들이 자신의 입을 의심하게 되는 것이다. 필자 또한 이때 자신의 입을 의심했던 것이다. 그렇지만 그렇게 빨리 입에서 나오지는 않는다. 좀 더 입에 배게 하는 반복 훈련이 필요하다. 그래서 50회 정도 반복을 하면 어느 정도는 그 200쪽 안에 있는 단어와 문장들이 빨리 생각나면서 말을 할 수 있게 되는 것이다. 그렇지만 뭔가 자연스러운 대화가 되기에는 부족한 면이 좀 있다. 그래서 그 상태가 60회를 반복할 때까지 나타난다. 하지만 61회를 넘기면서 또 한 번 자신의 입을 의심하게 될 것이다. 갑자기 굉장히 빠른 스피드로 하고 싶은 말이 입에서 튀어나오면서 전과는 뭔가 차원을 달리하는 대화가 된다는 것을 느끼게 된다. 그렇지만 아직 뭔가 불안한 상태이다. 결국 100회를 넘김으로써 비로소 진정한 자신의 문장이 되면서 불안함 없이 초스피드로 회화가 가능해지는 것이다.

다시 말해 200쪽 안에 있는 모든 단어와 문장을 말할 수 있게 된다는 것은 결국 그 200쪽 안에 있는 모든 단어와 문장을 이용해서 프리토킹을 할 수 있다는 것이기 때문에 프리토킹 능력도 계단식으로 향상되는 것이다.

필자는 사람의 기억을 무의식 속의 기억, 의식 속의 기억 그리고 완전한 의식 속의 기억, 이렇게 세 부류로 나눈다. 무의식속의 기억은 반복적이지 않은 기억을 의미한다. 거의 반복적이지 않기 때문에 우리의 기억 속에 존재하기는 하지만 그 기억을 끄집어내는 데 굉장히 많은 시간이 걸리는 기억들이다.

두 번째로 의식 속의 기억은 어느 정도 반복적인 생각의 되새김을 통해 떠올리려고 하면 바로 나오지는 않지만 조금 깊이 생각하면 떠오르는 기억들이다. 마지막으로 완전한 의식 속의 기억이다. 이것은 굉장한 반복을 통해 생각할 필요도 없이 그냥 반사적으로 떠오르는 기억들이다.

결국 모든 단어와 문장을 기본적으로 100번은 반복해서 달달 외워야만 비로소 완전한 의식 속의 기억으로 자리매김하는 것이다. 수없이 많은 반복만이 외국어를 능통하게 잘할 수 있는 비결이다. 그렇다. 외국어는 반복 외우기와의 전쟁이다. 얼마나 일본어 프리토킹을 잘 하느냐는 얼마나 많은 단어와 그 단어를 이용한 예문을 외웠느냐에 달려 있다. 무조건 문장을 외워야 한다. 물론 그 전에 문장에 대한 문법적 구조를 반드시 완벽히 이해한 다음 말이다.

그런데 이런 질문을 할 수 있다. "대체 한 권의 책을 100번씩이나 보는 게 가능합니까? 100번씩이나 볼 수 있을까요? 그 한 권의 책을 100번 보려면 너무나도 많은 시간이 필요하지 않을까요?" 이 질문에 대한 대답은 다음 장에서 하겠다.

외국어 실력이 향상되는 그래프는 계단식이다. 그렇기 때문에 정말 열심히 했지만 실력이 순간 향상되기 전까지는 계속 정체되어 있는 느낌이 들 수도 있다. 이때 마음을 잘 먹어야 한다. 꾸준히 해 나가야 한다. 그런데 이때 마음만 너무 급해지면 결국 포기하고 만다. 다시 말하지만 외국어는 인내력을 가지고 꾸준히 공부해야 결실을 이룰 수 있는 분야이다.

외국인 앞에서 말을 자연스럽게 못하고 머뭇거린다면 그 이유는 문장을 통째로 외우지 않고 단어를 개별적으로 외웠기 때문이다. 그래서 그 각각의 단어들을 조합하는 데 시간이 걸리기 때문이다. 예를 들면 〈私はこの問題についてこう思います。(나는 이 문제에 대해서 이렇게 생각합니다.)〉라는 문장이 있다. 아주 흔하게 쓰는 말이다. 그런데 이 문장을 통째로 외우지 않았다거나 이 문장을 말할 수는 있어도 문장 속의 단어들을 개별적으로 외운 상태라면 자연스럽게 말이 안 나가고 머뭇거리게 되어 있다.

위의 문장 속에 있는 단어를 개별적으로 분리한다면 〈私〉, 〈は〉, 〈この〉, 〈問題〉, 〈に〉, 〈ついて〉, 〈こう〉, 〈思います。〉 이렇게 8개가 나온다. 그러면 이 문장 속의 8개의 단어들을 개별적으로 외운 사람은 이 말을 해야 할 상황에서 8번을 생각하고 머뭇거리면서 문장을 완성시킨다. 아니면 조금 일본어 공부를 더 한 사람이라면 〈私は〉, 〈この問題について〉, 〈こう〉, 〈思います。〉 이렇게 4등분으로 개별적으로 외울 수도 있다. 이런 사람은 4번을 생각하고 머뭇거리면서

이 문장을 완성시킬 것이다. 하지만 이 문장을 통째로 외운 사람은 한 번만 생각을 해도 바로 이 문장을 말할 수 있다. 결국 문장을 통째로 외워야만 빠르고 자연스러운 대화가 가능한 것이다.

혹시 길을 가다가 약장사가 약을 팔고 있는 모습을 본 적이 있을 것이다. 약장사는 말을 굉장히 잘한다. 말이 끊김도 머뭇거림도 없다. 왜일까? 그 멘트를 수백 번이고 말하고 또 말해서 입에 완전히 달라붙었기 때문이다. 입에 완전히 배어 있는 것이다. 외국어도 마찬가지이다. 외국어를 못하는 이유는 완벽하게 외운 문장이 없기 때문이다. 결국 문장을 통째로 외워야지 말을 할 수 있는 것이다.

그래서 약 1만 개 정도의 문장을 외워야 한다. 그런데 이렇게 말하면 꼭 이런 질문이 나온다. "사람이 말할 수 있는 문장을 만들면 수천억 개 이상은 만들 수 있을 건데 1만 개 정도의 문장을 외워서야 되겠습니까? 턱없이 부족한 것 아닙니까?"

질문에 대한 답을 하겠다. 여기서 필자가 말하는 문장이라는 것은 엄밀히 말해서 문장 구조를 말한다. 예를 들어 〈내가 ~에서 ~을 하는 이유는 ~을 하기 위해서 입니다.〉라든가 〈왜 당신은 ~을 ~하면서도 ~을 ~하지 않습니까?〉 등등의 문장 구조를 의미한다. 이런 문장 구조를 1만 개 이상 외워야 한다는 것이다. 웬만한 대화에서 쓰는 문장 구조는 1만 개를 넘지 않는다. 그리고 그 문장 구조에 단어만 바꾸어서 넣으면 수천억 개의 문장도 만들 수가 있게 되는 것이다.

그리고 문장을 외울 때 주의해야 할 두 가지가 있다.

첫째는 문장을 외우기 전에 반드시 그 문장의 문법적 구조를 확실히 이해하고 외워야 한다. 문법적 구조는 모른 채 문장만을 통째로 외우는 것은 어리석은 행동이다. 문법을 모르면 그 문장을 활용할 수가 없다. 그렇기 때문에 반드시 문법을 숙지하고 문장을 외워야 한다.

둘째는 문장을 완벽하게 외워야 한다는 것이다. 여기서 외운다는 말의 정확한 의미는 단순히 그 문장을 안 보고 읽을 수 있다는 차원이 아니라 최소 100번 이상 문장을 반복해서 외워서 입에 완전히 배게 만든다는 것이다. 그렇게 해야만 일본인을 만났을 때 깊이 생각을 안 해도 자동적으로 입에서 그 말이 튀어 나올 수 있다. 그리고 완벽하게 문장을 외우지 않으면 단어를 바꾸어서 문장을 활용할 때 아주 헷갈리게 된다. 그래서 문장을 확실하게 외워야 한다. 그렇게 해야만 내 문장이 된다.

그리고 1만 개의 문장을 외운다는 것은 1만 개의 문장을 처음부터 끝까지 보지 않고 말한다는 것이 아니다. 예를 들면 일본어 문법 책이라든가 문제집을 폈을 때 자신이 외운 문장의 한글 해석을 봤을 때 그 문장이 2초 안에 입에서 튀어나오는 정도면 된다. 결코 쉽지는 않지만 결코 어렵지도 않다. 이렇게 할 수 있는 구체적인 방법에 대해 뒤쪽에 자세하게 설명하겠다.

프리토킹이 잘 안 되는 이유는 자기가 외워 놓은 문장이 없기 때문이다. 다시 말해서 그 즉석에서 문장을 만들려고 하니까 문장을 만드는 데 시간이 걸리고 결국 대화가 지연되는 것이다. 그렇지만 많은 문장(문장 구조)을 외워 놓으면 외국인을 만났을 때 문장 속의 단어만 바꾸면 엄청나게 많은 문장을 말할 수 있게 되는 것이다. 물론 외국어를 말할 수 있어도 알아 듣지를 못한다면 의미가 없을 것이다. 그래서 듣기에 대한 방법도 뒤에 자세하게 설명하겠다.

제일 먼저 문법을 공부하되 문법에 관한 예문을 반드시 외워야 한다

요즘 사람들이 자주 하는 말 중에 "외국어에서 문법은 그렇게 중요하지 않다."라는 말이다. 하지만 절대 그렇지 않다. 문법이 아주 중요하다. 문법은 외국어에 있어서 뼈대와 같다. 문법이 제대로 갖춰져 있지 않으면 반드시 외국어 공부에 있어서 한계점에 도달하게 된다. 물론 너무 문법만을 파고들어 마치 외국어를 학문적으로 공부한다면 그런 사람들에게는 위와 같은 말을 해 줘야겠지만, 절대로 문법을 간과해서는 안 된다.

외국어에서 문법이 체계적으로 갖춰져 있지 않으면 절대로 자연스러운 프리토킹을 할 수 없다. 외국어를 구사하면 많은 단어의 활용이 필요하게 된다. 특히 일본어는 동사의 활용이라든가 형용사, 형용동사의 활용 등 여러 가지 단어의 활용이 있는데, 이런 단어 활용에 관한 문법적인 부분이 체계적으로 갖춰져 있지 못하면 결국 제대로 된 외국어 구사는 불가능하다. 그래서 문법이 중요하다.

그리고 위의 사실은 외국어를 공부하는 사람들이라면 누구라도 알고 있는 사실이다. 하지만 중요한 것을 잘 모르고 있는 것 같다. 그것은 문법을 공부하되 그 문법에 관한 예문을 반드시 외워야 한다는 사실이다. 외국어를 공부하는 진정한 목적이 무엇인가? 의사소통이 아닌가? 물론 언어를 학문적으로 연구하는 사람은 해당이 안 되겠지만, 외국어를 공부하는 대부분의 사람들이라면 외국어를 공부하는 이유가 외국인과의 원활한 의사소통일 것이다. 그렇다면 외국어를 공부할 때 모든 중심을 외국인과의 실질적인 의사소통에 두어야 한다. 하지만 필자가 보기에는 많은 사람들이 외국어를 공부할 때 공부의 중심을 외국인과의 실질적인 의사소통에 두지 않는 것 같다. 그렇다 보니 잘못된 방식의 외국어 문법 공부를 하고 있는 사람들이 많다.

그러면 지금부터 많은 사람들이 공부하는 잘못된 방식의 외국어 문법 공부 방식에 대해 설명하고, 올바른 외국어 문법 공부 방식에 대해 소개하겠다.

예를 들어 〈읽다〉라고 하는 말을 일본어로 한다면 〈読む〉라고 한다. 그리고 일본어를 대략 1년 정도 공부한 사람에게 〈나는 책을 읽고 싶다.〉라는 말을 일본어로 하면 어떻게 되냐고 물어보면 어렵지 않게 〈私は本を読みたい。〉라고 정답을 말한다.

그런데 조금 더 깊이 들어가서 〈나는 책을 읽고 싶어졌다.〉라는 말을 일본어로 어떻게 하느냐고 물어보면 약간 생각을 하다가 〈私は本を読みたくなった。〉라고 정답을 말한다. 하지만 더욱 깊이 들어가서 〈그는 책을 읽고 싶어 하지 않는 것 같다.〉라는 말을 일본어로 어떻게 하냐고 물어보면 그때부터 한참을 생각한 끝에 간신히 〈彼<small>かれ</small>は本を読みたがっていないようだ。〉라고 대답을 하거나 아예 모르겠다고 한다.

말이 길어질수록 점점 더 대답하는 데 시간이 걸린다. 왜 말이 길어지고 문법이 복잡해질수록 대답하는 데 시간이 더 걸리는 것인가? 대부분의 사람들은 이렇게 말할 것이다. "당연히 문장이 길고 문법이 복잡하니까 활용하는 데 시간이 걸리는 건 당연하지 않습니까?" 이렇게 대답하는 이유는 바로 잘못된 문법 공부 방식으로 외국어를 공부했기 때문이다.

일본어를 1년 정도 공부한 사람들에게 〈그는 책을 읽고 싶어 하지 않는 것 같다.〉라는 말을 일본어로 어떻게 하느냐고 물어보면 대부분 〈그는 책을〉까지는 〈彼は本を〉라고 곧잘 말한다. 하지만 뒤의 〈읽고 싶어 하지 않는 것 같다〉라는 부분에서 막히게 되는 것을 자주 볼 수 있다. 그리고 대부분의 사람들은 〈읽고 싶어 하지 않는 것 같다.〉라는 말을 일본어로 하기 위해 먼저 〈읽다 = 読む〉를 생각한다. 그리고 그 다음 〈읽고 싶다 = 読みたい〉를 생각하고, 그 다음 조금 공부를 열심히 한 사람인 경우는 "그가 책을 읽고 싶은 거니까 3인칭이고 그러면 〈読みたい〉가 아니고 〈読みたがる〉지"라고 생각하고, 그 다음에는 〈읽고 싶지 않다 = 読みたくない〉를 생각하고, 그 다음 〈읽고 싶어 하지 않다 = 読みたがっていない〉를 생각하고, 마지막으로 〈읽고 싶어 하지 않는 것 같다 = 読みたがっていないよ

うだ〉라고 대답한다. 굉장히 긴 여정이다.

그렇다면 일본 사람도 〈읽고 싶어 하지 않는 것 같다〉라는 말을 하기 위해서 그 말이 만들어지기까지의 모든 문법적 과정을 생각하겠는가? 당연히 아니다. 반대로 한국 사람도 〈읽고 싶어 하지 않는 것 같다〉라는 말을 하기 위해 〈읽다〉〈읽고 싶다〉〈읽고 싶어 한다〉〈읽고 싶어 하지 않다〉라는 말을 생각하는가? 당연히 안 한다. 그렇다 이것이 잘못된 외국어 문법 공부 방식으로 인한 결과이다.

결론부터 말하면 〈읽고 싶어 하지 않는 것 같다 = 読みたがっていないようだ〉라는 말 자체를 통째로 외워 버려야만 그 전의 이 말을 만들기 위한 힘겨운 과정을 거치지 않고 바로 자신이 원하는 말을 빠르게 말할 수 있는 것이다.

위와 같은 방식으로 외국어 문법을 공부하면 실제 외국인을 만났을 때 절대로 원활한 대화가 불가능하다. 상대방은 계속 기다릴 수밖에 없고, 자신은 계속 문장을 만들기 바쁜 상황만 펼쳐진다. 문장을 즉석에서 만들지 말고 그 전에 통째로 외워야 한다. 그렇게 해야만 원활한 대화가 가능하다.

〈읽다 = 読む〉〈읽고 싶다 = 読みたい〉〈읽고 싶어 한다 = 読みたがる〉〈읽고 싶어 하지 않다 = 読みたがっていない〉〈읽고 싶어 하지 않는 것 같다 = 読みたがっていないようだ〉는 서로 아무런 연관성도 없다. 한국 사람도 〈읽고 싶어 하지 않는 것 같다〉라는 말을 하려고 할 때 〈읽다〉〈읽고 싶다〉〈읽고 싶어 한다〉〈읽고 싶어

하지 않다〉라는 단어를 생각하지 않고 바로 〈읽고 싶어 하지 않는 것 같다〉라는 하듯이 일본 사람도 마찬가지이다.

외국어는 수학이 아니다. 활용 공식만 알면 되는 것이 아니다. 실제 대화할 때는 단어를 활용할 시간적 여유도 없다. 우리가 한국말을 할 때 동사, 형용사 활용을 하면서 그 동사, 형용사의 기본형을 생각하면서 대화하는가? 절대 그렇지 않다. 특별한 생각 없이도 자신이 말하고자 하는 단어의 기본형을 생각하지 않더라도 쉽게 변형된 단어, 말을 할 수 있는 것이다. 이유가 무엇일까? 바로 그 자체를 통째로 외웠기 때문이다. 외국어도 그와 같이 공부해야 한다.

일단 하나의 문법적인 내용이 있다면 그 문법적인 내용에 대한 확실한 이해를 해야 하고 이해가 되었다면 그 문법을 이용한 예문을 반드시 통째로 외워야 한다. 단 예문은 반드시 주어와 목적어 그리고 서술어가 있는 완벽한 문장이어야 한다. 그런 예문이어야만 바로 즉석 프리토킹으로 연결될 수 있다. 문법적 공식만 알아서는 절대로 말을 할 수 없다. 예문을 통째로 외워야 한다. 외울 때도 적당히 외워서는 실전 프리토킹으로 연결되기 어렵다. 그 문장을 마르고 닳도록 입으로 소리 내어 완전히 입에 배도록 해야 한다. 그렇게 되어야만 깊이 생각 안 해도 바로 자신이 원하는 말을 빠르고 정확하게 말할 수 있다. 또 문장을 완벽하게 외워야만 단어를 바꿨을 때에도 헷갈림 없이 바로 완벽한 문장으로 구사할 수 있는 것이다.

각각의 단어를 이용한 예문을 반드시 외워야 한다

외국어 공부에서 단어를 외우는 것은 매우 중요한 부분이다. 얼마나 많은 단어를 알고 있느냐가 얼마나 많은 문장을 만들어 낼 수 있느냐와 같다고 볼 수 있기 때문이다. 그런데 각각의 단어들을 그 자체로만 외우고 그 단어를 이용한 예문을 통째로 외우지 않으면 프리토킹을 할 때 많은 어려움이 생긴다. 이 부분에 대해서는 앞에서 언급했지만 다시 언급하는 이유는 단어를 이용한 예문을 외우지 않으면 안 되는 또 다른 이유가 있기 때문이다. 지금부터 그 이유에 대해 이야기하겠다.

모든 외국어가 마찬가지이겠지만, 일본어도 이음동의어(異音同義語: 발음은 다르지만 뜻이 같은 단어)가 상당히 많이 있다. 하지만 이음동의어라고 해서 어느 상황에서나 완전히 뜻이 같은 것은 아니다. 몇 개의 단어가 아무리 이음동의어의 관계로 있다 하더라도 미묘한 뜻의 차이는 있게 마련이다.

예를 들면 〈기울다〉라는 단어가 있는데 일한사전에서 이 단어를 찾아보면 해당되는 일본어 단어가 몇 개 나온다. 〈傾く〉, 〈片寄る〉이다. 하지만 이 두 개의 단어는 실제 일본인의 회화에서는 그 쓰임새가 많이 다르다. 〈傾く〉는 어떤 물건이 한쪽으로 기울어진 것을 의미한다. 그래서 예문을 들어 보면 〈柱が左に傾いています。〉이고, 뜻은 〈기둥이 왼쪽으로 기울어져 있습니다.〉이다.

이에 반해서 〈片寄る〉는 눈에 보이는 물건에 관한 것이라기보다는 사람의 생각이나 사고방식에 관계된 단어이다. 예문을 들어 보면 〈キムさんは思想が片寄っています。(김 씨는 사상이 [한쪽으로] 기울어져 있습니다.)〉이다. 이렇게 한국어로는 똑같이 〈기울다〉이지만 깊은 뜻은 전혀 다르다. 그래서 〈傾く〉를 써야 할 때 〈片寄る〉를 쓰면 어색한 일본어가 되는 것이다.

하나의 예를 더 들면 〈帰る〉와 〈戻る〉라는 동사가 있다. 둘 다 〈돌아오다〉라는 뜻이다. 그렇지만 이 두 개의 단어도 엄밀히 말하면 전혀 쓰임이 다르다. 〈帰る〉는 집에 돌아올 경우에 쓰이고, 〈戻る〉는 원래의 장소로 돌아올 경우에 쓰인다. 예를 들어 보면 〈私は帰るわけじゃないよ。またここに戻る。(나는 돌아 가는 것이 아니다. 다시 여기로 돌아올 것이다.)〉이다. 여기서 〈여기〉라는 곳은 자신의 집이 아닌 세상의 모든 장소가 될 수 있다.

이에 반해 〈帰る〉를 이용한 예문으로 〈私はもうこれいじょうここにいたくないです。私は家に帰ります。(나는 이제 더 이상 여기에 있고 싶지 않습니다. 나는 집으로 돌아가겠습니다.)〉가 있다. 〈帰る〉는 오직 자신의 집으로 돌아갈 때에만 쓴다. 그래서 집에 돌아가려고 할 경우에 〈戻る〉를 쓰면 역시 이상한 일본어가 되는 것이다.

다음으로 위와는 조금 다른 예를 다시 들겠다. 일한사전에서 〈꼭〉이라는 단어를 찾아보면 대개 〈必ず〉, 〈ぜひ〉, 〈きっと〉라는 단어가 나온다. 그렇지만 이 세 개의 단어 역시 비슷하긴 하지만 완전히 같지는 않다. 예를 들어 〈다음에 꼭 놀러 오세요.〉라는 식의 말을 할 때는 〈またぜひ遊びに来てください。〉라는 표현을 쓴다. 그런데 이때 〈ぜひ〉 대신에 〈必ず〉를 쓰면 강요하는 느낌이 들어서 어색한 일본어가 된다. 아니면 〈그 사람은 꼭 올 것이다.〉라는 식의 말을 할 때는 〈あの人はきっと来るだろう。〉라는 표현을 쓴다. 그런데 이때 〈ぜひ〉를 쓰면 말은 통하지만 조금 어색한 일본어가 된다.

이 부분에 대해서는 위의 〈傾く〉, 〈片寄る〉와 같이 일정한 규칙이 있다기보다는 옛날부터 이런 상황에서는 이 단어를, 저런 상황에서는 저 단어를 주로 사용해 왔기 때문에 그렇게 습관이 만들어진 것이다. 그래서 이런 부분에 대해 많이 알려면 역시 많은 문장을 계속 통째로 외워 나가면서 경우를 많이 익혀야 한다.

또한 이런 경우도 있다. 〈計算〉, 〈勘定〉라는 단어가 있는데 둘 다 〈계산〉이라는 뜻이다. 그런데 〈計算〉은 한국어의 〈계산〉과 같은 한자어 단어이다. 그래서 예문을 통째로 많이 외우지 않은 사람은 어디서나 〈勘定〉보다 〈計算〉을 쓰려고 한다. 하지만 〈計算〉은 셈을 할 때 쓰이지만 식당에서 밥을 먹고 계산 할 때는 〈勘定〉를 주로 쓴다. 그런데 식당에서 〈計算お願いします。(계산 부탁드립니다.)〉라고 하면 또 어색한 일본어가 되는 것이다. 식당에서는 〈お勘定お願いします。〉라고 해야 자연스러운 표현이다. 결국 이런 부분을 보완하기 위해서는 많은 예문을 통째로 외워야 한다.

마지막으로 하나의 경우가 더 있다. 뜻이 같은 두 개의 단어가 있는데 하나는 일본인의 일상 대화에서 쓰이는 단어이고 하나는 뉴스나 신문에서만 쓰이는 단어인 경우이다. 예를 들어 〈錯覚〉와 〈勘違い〉는 둘 다 뜻이 〈착각〉이지만, 〈錯覚〉는 뉴스나 신문에 주로 많이 쓰이는 단어이고 일상 회화에서는 〈勘違い〉를 많이 쓴다. 그렇기 때문에 각각의 단어의 상황별 쓰임에 대해 잘 알아야만 한다. 일상 회화에서 〈錯覚〉를 쓰면 물론 의미는 통하겠지만 일본인은 일상 회화에서는 〈錯覚〉를 거의 쓰지 않는다.

이상 단어를 외웠으면 그 단어를 이용한 예문을 반드시 외워야 하는 이유에 대해 설명했다. 혹자는 적당히 말만 통하면 되지 않느냐고 말할 수 있겠지만, 이왕 외국어를 공부한다면 제대로 해야 하지 않을까 한다.

각각의 단어와 문법을
이용한 예문을 반드시 외워야 한다

각각의 단어와 문법을 그 자체로만 외우면 실전 회화에서 문장으로 전환시키는 데 시간이 걸리고 결국 원활한 대화가 어렵다. 그래서 반드시 각각의 단어와 문법을 숙지했다면 그에 대한 예문을 반드시 외워야만 바로 실전 회화에서 문장으로 전환시킬 수 있다. 이 이야기는 앞에 이미 설명했다. 그런데 여기에서는 각각의 단어와 문법을 외웠다면 그 각각의 단어와 문법에 대한 예문을 반드시 외워야 하는 또 다른 이유에 대해 설명하겠다.

예를 들어 〈振り向く〉라는 동사와 〈顧る〉라는 동사가 있다. 둘 다 뜻은 〈뒤돌아보다〉이다. 그런데 〈顧る〉는 자신의 옛 일이나 옛 추억 아니면 자신의 과거를 뒤돌아볼 때 쓰이는 동사이다. 그에 반해서 〈振り向く〉는 그냥 뒤쪽의 방향으로 돌아보는 것이다. 앞을 보고 있다가 뒤를 돌아본다는 의미로 쓰일 때 〈振り向く〉를 쓴다. 그런데 이 두 개의 단어를 그냥 단어로만 외워 버리면 그 깊은 뜻을 모르기 때문에 자칫하면 두 개의 단어는 어떤 상황에서든 같은 의미를 가지고 있다고 착각할 수 있다. 하지만 전혀 쓰임이 다른 동사이다. 지난날을 뒤돌아본다는 의미로 말을 해야 하는데 〈振り向く〉를 써서 말을 해 버리면 물론 대부분의 일본인은 외국인이 하는 말이기 때문에 적당히 이해하고 알아는 듣겠지만 사실 아주 부자연스러운 일본어가 되고 만다. 그런 부분에서 일본어 실력이 드러나는 것이다. 그럼 이번에는 문법적인 부분에 대해 말해 보겠다.

예를 들면 〈見れば〉, 〈見たら〉, 〈見るなら〉, 〈見ると〉라는 단어가 있다. 이 네 개의 단어는 일반적으로 〈(~을) 보면〉이라고 해석한다. 하지만 이 네 개의 어휘는 엄밀히 따지면 많은 차이가 있다. 〈見れば〉는 어떤 사항을 가정하여, 그 사항을 조건으로 해서 당연히 그렇게 될 것임을 강하게 표현할 때 쓰이고, 〈見たら〉는 완곡한 권유를 나타낼 때 쓰이고, 〈見るなら〉는 영어의 if 가정법(만약 ~한다면)과 같고, 〈見ると〉는 어떤 상황이 일어나면 바로 다음 당연히 그렇게 될 것임을 완곡하게 표현할 때 쓰인다.

하지만 이렇게 이론적으로 설명하는 것만으로는 쉽게 이해가 안 될 것이다. 그런데 예문을 들어 보면 각각의 단어의 쓰임새가 금방 이해될 것이다. 그러면 각각의 단어의 예문을 들어 보겠다.

〈見れば〉에 관한 예문은 〈この映画を見ればその時代の状況がすぐ分かります。(이 영화를 보면 그 시대의 상황이 금방 이해가 됩니다.)〉이고, 〈見たら〉에 관한 예문은 〈悲しい映画が好きならこの映画を見たらどうですか。(슬픈 영화를 좋아한다면 이 영화를 보면 어떻습니까?)〉이다. 그리고 〈見るなら〉에 관한 예문은 〈もし

明日映画を見るなら何が見たいですか。(만약 내일 영화를 본다면 무슨 영화를 보고 싶습니까?)〉이고, 마지막으로 〈見ると〉에 관한 예문은 〈この映画を見るとだれでも泣きます。(이 영화를 보면 누구라도 웁니다.)〉이다.

그런데 〈見ると〉에 관한 예문에서는 〈見ると〉 대신에 〈見たら〉를 써도 거의 아무런 문제가 없다. 결국 수학 공식처럼 정확히 구별이 되는 것이 아니다. 그렇기 때문에 결국 최대한 많은 문장을 입으로 귀로 외우는 수밖에 없다. 그래서 이런 상황에서는 이런 표현을, 저런 상황에서는 저런 표현을 자유자재로 쓸 수 있게끔 해야 하는 것이다. 외국어는 너무 원칙과 공식만을 따져서는 발전이 없다.

많은 사람들이 외국어를 공부하는 방식을 보면, 하나의 문장을 속으로 읽고 그 문장의 문법적 구조, 어휘 그리고 숙어적인 부분을 이해하고 각각의 단어들을 쓰면서 속으로 외우고, 어느 정도 각각의 단어들을 속으로 외웠으면 전체 문장을 다시 3~4번 정도 속으로 읽고 다음 문장으로 넘어가는 방식이다. 이 정도로 공부하면 자신이 이 문장에 대해서는 어느 정도는 확실하게 인식했다고 생각하게 된다.

　하지만 그것은 착각인 경우가 많다. 막상 외국인을 만나서 자신이 이전에 공부했던 바로 그 문장을 말하면 되는 상황이 펼쳐졌지만, 그 말이 입에서 전혀 나오지 않아 당황스러운 상황에 직면하는 경우를 많이 보아 왔다. 왜 그럴까? 충분히 그 문장에 대해 연구했고 단어도 속으로 다 외웠고, 전체 문장도 속으로 몇 번이나 외웠는데, 왜 입에서 나오지 않는 것일까? 답은 바로 앞의 문장 속에 있다. 속으로 외우기 때문이다. 입을 딱 다물고 속으로 외우고 속으로 말하니까 입으로 안 나오는 것은 당연한 것이다. 도서관이나 독서실에서 입을 다물고 외국어 공부를 하는 사람들을 보면 안타까운 심정이 든다. 결국 말하지 않는데 말할 수 있을 리가 없다. 외국어를 공부하는 근본 목적이 무엇인지 의심스럽다.

외국어를 공부하는 순수한 목적으로 돌아가지 않으면 절대로 프리토킹은 불가능하다. 현재의 학교 교육이 시험 위주의 교육이고, 중요한 것은 그 대부분의 시험에 쓰기, 속으로 빨리 읽기, 듣기는 있지만 정작 제일 중요한 말하기가 없다. 그러니 말하기 공부를 안 하는 것이 아닌가 한다. 물론 요즘에는 일반 회사라든가 대학 면접에서도 말하기 비중을 어느 정도 크게 둔다고 하지만, 아직 입을 다물고 치는 시험의 비중이 월등히 크기 때문에 어쩔 수 없이 입을 다물고 도서관, 독서실에서 외국어 공부를 할 수밖에 없는 것 같다. 결국 외국어를 공부하는 목적이 일단은 실제 외국인과의 원활한 의사소통보다는 대학입시나 입사시험 같은 필기시험을 위한 것으로 전락되고 만 것이다. 그래서 대학은 갔지만, 입사는 했지만, 정작 외국인을 만나면 프리토킹이 안 되는 것이다.

사실 외국어를 공부할 때 시험 위주의 공부 방식과 프리토킹 위주의 공부 방식은 많이 다르다. 쉽게 말해 시험 위주의 공부 방식은 문법, 쓰기, 속으로 빨리 읽기, 듣기를 위주로 하지만, 프리토킹 위주의 공부 방식은 문법, 쓰기, 소리 내서 정확하게 읽기, 듣기 그리고 말하기(문장 통째로 외우기)를 위주로 한다. 결국 프리토킹 위주의 공부 방식은 시험 위주의 공부 방식보다 말하기(문장 통째로 외우기)를 더 추가로 하게 되는 것이다.

다시 말해서 시험 위주의 공부 방식은 하나의 문장이 있다면 그 문장을 속으로 몇 번 읽고 그 문장의 문법적 구조, 단어, 숙어적인 부분을 확실히 인식하고 나서 다시 속으로 문장을 몇 번 읽고 끝내는 방식이다. 그에 반해 프리토킹 위주의 공부 방식은 하나의 문장에 대해서 그 문장의 문법적 구조, 단어, 숙어적인 부분을 확실히 인식한 다음, 그 문장을 속으로 몇 번 읽고 끝내는 것이 아니라 완전히 자신의 입에 배도록 전체 문장을 큰 소리로 수십 수백 번 읽고 외워서 마치 원어민처럼 전혀 막힘없이 말할 수 있게 되면 끝내는 방식이다.

결국 프리토킹 위주의 공부 방식은 시험 위주의 공부 방식보다 몇 배로 시간이 걸린다. 그래서 일단 눈앞에 보이는 필기시험, 대학입시, 자격증 시험을 생각하면 프리토킹 위주의 공부 방식을 하는 것은 미친 짓이 되는 것이다. 말하기가 없는 필기시험에서 말하기를 공부할 필요가 없다는 것이다.

하지만 그렇게 해서 정작 대학에 들어가고 자격증을 따서 회사에 입사했다 하더라도 말을 못한다면 무슨 의미가 있단 말인가? 필자는 이전에 고급의 일본어 자격증을 가지고 있는데도 거의 프리토킹을 할 수 없는 사람을 만난 적이 있다. 그 사람은 필자에게 자신의 고민을 털어 놓으면서 이렇게 말했다.

"저는 무역 회사에 들어가고 싶었는데 그 회사에 들어가려면 고급의 일본어 자격증이 있어야 하기 때문에 저는 열심히 공부해서 자격증을 따서 회사에는 입사할 수 있었지만, 정작 프리토킹 쪽으로는 공부를 거의 해 본 적이 없다 보니까 일본인과의 의사소통은 거의 불가능합니다. 사람들은 제가 고급의 일본어 자격증을 가지고 있기 때문에 당연히 일본인과의 대화가 충분히 가능할 거라고 생각했습니다. 그런데 막상 일본에서 손님이 왔는데 직장 상사가 저에게 통역을 부탁했지만 저는 그만한 능력이 되질 않았습니다. 결국 자격증만 있지, 프리토킹은 형편없는 사람으로 찍혀 버렸습니다. 어떻게 하면 프리토킹이 잘 되겠습니까?"

결국 말하기(문장 통째로 외우기)에 대한 공부를 하지 않으면 안 된다. 여기서 잘 이해해야 할 부분은 절대로 시험(자격증) 위주의 공부 방식이 중요하지 않다는 것이 아니다. 자격증은 굉장히 중요한 것이다. 자격증이라는 것은 자신의 간판과 같은 것이다. 그렇다면 결국 시험(자격증) 위주의 공부 방식에 말하기만 추가시켜서 공부하면 자격증도 딸 수 있으면서 말도 잘할 수 있게 되는 것이다. 다시 말해 프리토킹 위주의 공부 방식 속의 일부분이 바로 시험(자격증) 위주의 공부 방식인 셈이 된다. 결국 자격증도 따고 프리토킹도 잘하려면 프리토킹 위주의 공부 방식으로 외국어를 공부해야 한다.

그리고 아주 중요한 부분이 있다. 프리토킹 위주의 공부 방식으로 외국어 공부를 하면 위에서 언급한 것과 같이 말하기(문장 통째로 외우기)를 해야 하기 때문에 시험 위주의 공부 방식보다 굉장히 시간이 많이 걸린다고 했지만, 그것은 사실 표면적으로만 그렇게 보일 뿐이다.

무슨 말이냐 하면 처음에는 한 번도 문장을 외워 본 적이 없기 때문에 하나의 문장을 외우는 데도 굉장히 많은 시간이 걸릴 수 있다. 그래서 시험 위주의 공부 방식으로 공부하는 사람이 10쪽 정도의 분량을 공부했지만, 프리토킹 위주의 공부를 하는 사람은 1~2쪽 정도밖에 진도가 나가지 않을 수도 있다. 하지만 점점 시간이 지남에 따라 많은 문장을 외우면 외울수록 문장을 외우는 속도가 점점 빨라지고 어느 순간부터는 문장을 외우는 속도가 기하급수적으로 빨라진다는 것을 알아야 한다. 그래서 1,000개 정도의 문장을 외우는 데 대략 4개월 정도 걸리지만, 그 이후부터는 문장을 4~5번 정도만 읽어 줘도 완전히 머릿속에 박혀 버리는 수준이 된다. 왜냐하면 첫째로 문장 자체를 외우는 습관이 들었기 때문이다.

한자를 공부해 본 사람이라면 잘 이해가 될 것인데, 한자도 외우면 외울수록 외우는 속도가 빨라져서 나중에는 처음 본 한자도 3~4번만 써 봐도 금방 확실히 외워지고, 더 지나면 그냥 한 번 보기만 해도 바로 외워지기도 한다. 그것은 한자 자체를 외우는 습관이 들었기 때문이다. 문장도 마찬가지이다. 처음에는 문장 자체를 통째로 외우는 것이 익숙하지 않기 때문에 빨리 잘 안 외워지지만 어느 정도 습관이 들면 4~5번만 읽어도 금방 외워지고, 한 5,000개 이상의 문장을 외운 경지가 되면 그 뒤에는 그냥 한 번 읽어 보아도 바로 머릿속에 입력이 된다.

그리고 둘째로 문장을 계속 외워나가다 보면 중복되는 부분이 점점 많아진다. 예를 들어 〈나는 ~이 ~라고 생각합니다.〉라는 문장에서 보면〈~라고 생각합니다〉라는 표현을 일본 사람은 굉장히 많이 쓴다. 결국 〈~라고 생각합니다〉라는 말이 계속 중복이 되기 때문에 이미 외운 부분을 다시 외울 필요가 없기 때문에 외우는 속도가 점점 빨라진다.

그래서 어떤 외국어를 시작하든지 처음부터 프리토킹 위주의 공부 방식으로 말하기(문장 통째로 외우기)를 하면서 공부한다면 처음에는 약간 시간이 걸리지만, 나중에는 훨씬 더 큰 효과를 기대 할 수 있을 것이다.

1만 개의 문장을 외웠어도 즉석에서 긴 이야기를 할 수 있는 것은 아니다

1만 개의 문장을 원어민처럼 막힘없이 말할 수 있게 되더라도 그 문장들은 서로가 이어진 문장들이 아니기 때문에 즉석에서 긴 이야기를 하기는 어렵다. 즉석에서 긴 이야기를 하려면 역시 연습을 해야 한다. 다시 말하지만 여기서 말하는 것은 긴 이야기를 외워서 하는 것이 아니라 즉석에서 한다는 것이다. 그러면 지금부터 단답식의 주고받기식 대화가 아니라 즉석에서 긴 이야기를 상대방에게 해야 할 경우를 위한 말하기 공부 방식에 대해 설명하겠다. 일명 〈프리토킹 8단계〉라고 하는 필자만의 공부 비법이 있다. 이것은 필자가 직접 일본어를 공부하면서 터득한 방식으로 필자는 이 공부 방식을 통해 일본인에게 즉석에서 긴 이야기를 할 수 있게 되었다.

먼저 1단계는 A4 용지를 두 장 준비해서 한 장에 한국어로 제목을 쓰고, 제목에 관한 이야기를 약 5분 정도의 분량으로 쓴다. 5분 정도의 이야기를 쓰면 대략 100개 정도의 문장이 나올 것이다. 그러고 나서 또 하나의 A4 용지에는 그 한국어로 쓴 글을 그대로 일본어로 작문해서 쓴다. 1만 개 정도의 문장을 외운 상태라면 일본어 작문을 하는 것은 식은 죽 먹기일 것이다. 거의 막힘이 없이 일본어 작문을 할 수 있을 것이다. 그렇게 해서 일본어로 작문이 끝났다면 그 내용을 완전히 외운다. 외우고 또 외워서 완전히 외웠다고 생각이 되면 주변의 일본인에게 그 외운 내용을 말한다. 물론 완전히 내용을 다 외웠다고 해도 외운 그대로 말하기는 쉽지 않을 것이다. 그래서 내용이 조금 바뀔 수도 있다. 하지만 그렇다고 해서 A4 용지를 봐서는 안 된다. 어떻게든 해서 이야기를 끝내야 한다. 이렇게 하루에 한 이야기씩 계속 만들고 외워서 일본인에게 말한다. 그리고 이 단계를 대략 15일에서 30일 정도 해야 한다. 그래서 어느 정도 1단계가 적응이 되고 익숙해지면 2단계로 넘어가야 한다.

2단계는 A4 용지 한 장에 한국어로 제목과 5분 정도의 글을 쓰고, 그것을 다른 A4 용지에 일본어로 작문한다. 그리고 작문이 끝나면 그 글을 외우지 말고 2~3번 읽기만 하고 더 이상 보지 않는다. 그리고 일본인에게 그 내용을 말한다. 생각만큼 쉽지 않을 것이다. 내용을 외우지 않았기 때문에 A4 용지에 쓴 내용과는 꽤 다른 내용이 나올 수도 있다. 하지만 A4 용지의 내용을 계속 생각하기보다는 나름대로의 생각을 말하면서 이야기를 끝낸다. 그래도 대략 80%는 A4 용지에 있는 내용을 말할 수 있을 것이다.

3단계는 A4 용지 한 장에 한국어로 제목과 글을 쓰고, 그것을 다른 A4 용지에 일본어로 작문을 하는 것이 아니라 머릿속으로 작문하는 것이다. 한국어로 쓴 글을 유심히 보기만 하면서 머릿속으로 자신이 할 말을 일본어로 작문하면 된다. 그러고 나서 일본 사람에게 말한다. 처음에는 말이 앞뒤가 안 맞고 자신이 지금 무슨 말을 하고 있는 것인지 모를 수도 있다. 그래도 어떻게든 이야기를 마무리지어야 한다. 말이 앞뒤가 안 맞는 것에 너무 신경 쓸 필요 없다. 중요한 것은 자신이 긴 이야기를 말로 하고 있다는 것이다. 3단계도 어느 정도 시간이 흐르면 익숙해지게 된다. 그래서 완전히 익숙해졌다고 생각되면 4단계로 넘어간다.

4단계는 A4 용지 한 장에 한국어로 제목과 글을 쓰고, 그것을 머릿속으로 작문하지도 말고 단지 한국어로 3번 정도만 읽고 일본인에게 그 내용을 말한다. 물론 4단계도 처음에는 어려움이 있지만 시간이 지나감에 따라 익숙해질 것이다.

5단계부터는 A4 용지가 필요 없다. 한국어로 제목과 글을 머릿속에 쓴다. 절대로 그 내용을 일본어로 작문하려고 해서는 안 된다.

6단계는 한국어로 제목을 생각하고 내용은 전체적인 아웃 라인(틀)만을 머릿속에 구상하고 그 이상 아무것도 생각해서는 안 된다. 대략 자신이 어떤 이야기를 할지 그 정도만을 머릿속으로 생각하고 그 이상은 아무것도 생각해서는 안 된다는 것이다.

7단계는 한국어로 제목만을 생각하고 그 이외에는 아무것도 생각해서는 안 된다.

8단계는 아무 생각 없이 일본인을 만나 그 즉석에서 생각나는 이야기를 하는 것이다.

독자 여러분은 친구를 만나서 할 이야기를 집에서 외우는가? 아닐 것이다. 그렇다. 프리토킹이라는 것은 즉석에서 갑작스러운 주제에 관해서 자신의 의견을 최소한 모국어로 말할 수 있을 만큼 외국어로 말할 수 있는 것을 의미한다. 필자는 이 방식대로 공부했고 대략 4개월 정도 후에 즉석에서 일본인에게 긴 이야기를 할 수 있게 되었다. 필자는 독자 여러분이 이 방식으로 공부를 한다면 최소한 6개월 안에는 원활한 외국인과의 프리토킹이 가능해질 것이라고 믿는다. 단 이 방식으로 공부하려면 그 전에 1만 개의 문장을 외우고 나서 해야 할 것이다.

외국어는 쓰면서 외우면
말을 안 하게 된다

많은 사람들이 외국어 공부를 할 때 쓰면서 한다. 어느 정도는 쓰면서 공부하는 것이 암기력 향상이라든가 집중력 향상에 도움을 준다. 그리고 외국어로 논술 시험을 쳐야 하는 사람이라면 쓰면서 공부하는 것이 필요할 수도 있다. 하지만 단순히 외국인과의 원활한 의사소통을 위해 외국어를 공부하는 사람들은 절대로 쓰면서 공부하면 안 된다. 왜냐하면 외국어를 쓰면서 공부하면 자연히 입은 닫히게 되어 있다. 그 이유에 대해 설명하고 올바른 외국어 공부 방법에 대해 이야기하겠다.

사람은 책을 눈으로 읽을 때와 입으로 읽을 때와 손으로 쓸 때의 속도가 다 다르다. 눈으로 읽을 때가 가장 빠르고, 그 다음이 입으로 읽을 때이고, 손으로 쓸 때가 가장 느리다. 결국 입으로 읽는 속도와 손의 쓰는 속도가 많이 차이 나기 때문에 손으로 쓰다 보면 입으로 읽지 않게 되는 것이다. 물론 쓰는 속도가 어마어마하게 빠르거나 외국어를 속기로 쓸 수 있다면 그것은 금상첨화일 것이다. 하지만 그렇지 않다면 외국어를 쓰면서 공부하면 안 된다. 그래도 주위에 보면 쓰면서 말을 하는 사람이 더러 있다. 하지만 발음이 꼭 테이프 늘어난 것처럼 아주 천천히 읽게 된다. 쓰면서 읽긴 하지만 이상한 발음으로 읽기를 한다. 결국 제대로 된 공부 방법이 아니다.

다른 학문(국사, 세계지리)이라면 도서관에서 쓰면서 외워도 무방할 것이다. 하지만 외국어는 아니다. 물론 일본어 선생님이 되려고 하시는 분들은 칠판에 일본어를 매일 써야 하기 때문에 쓰면서 외워야 할 것이다. 왜냐하면 일본어에서는 한자를 사용하는데 한자를 눈과 입으로만 외우면 보고 무슨 뜻인지 발음이 뭔지는 알 수 있지만 안 보고는 쓸 수 없기 때문이다. 하지만 그 외에 히라가나와 가타가나는 잊어버리지만 않으면 되기 때문에 쓰면서 공부할 필요가 없다. 또한 처음 일본어를 접한 사람은 히라가나와 가타가나를 쓸 줄 알아야 하기 때문에 히라가나와 가타가나를 확실히 외우기 전까지는 쓰면서 외워야 할 것이다.

그 외의 사람들이라면 쓰면서 공부하는 것보다는 쓰지 않고 공부하는 것이 훨씬 프리토킹 실력을 향상시키는 데에 효과적이다. 어차피 자격증 시험에도 한자를 읽을 수만 있으면 되고 쓸 줄은 몰라도 된다. 그래도 굳이 한자를 쓸 줄 알아야겠다고 하시는 분이 있다면 말리진 않겠다. 하지만 쓰면서 외우다 보면 자연히 입은 닫히게 되어 있다. 손으로 쓰면서 외우지 마라. 입으로 말하면서 외워라.

그러면 입으로 말하면서 외우는 구체적인 방법을 이야기하겠다. 사람들은 대부분 집에서는 쉬고 싶은 생각이 많이 들고 또 여러 가지 유혹(텔레비전, 인터넷)이 항상 존재하기 때문에 도서관이나 독서실에서 공부를 한다. 그리고 외국어 공부를 하는데 그냥 눈으로만 보면 뭔가 공부에 성의가 없다고 생각이 들기 때문에 뭔가를 열심히 쓰면서 외운다. 그런데 입으로 말하면서 외우면 안 되는가? 당연히 안 된다. 왜냐하면 도서관과 독서실에서는 말을 하면 안 된다. 그렇다. 일단 외국어를 도서관과 독서실에서 한다는 것 자체가 말이 안 된다. 빨리 그곳에서 짐을 싸서 나와라. 말하면서 외워도 되는 곳으로 가라. 커피숍을 가든지 돈이 없을 땐 따뜻한 무료 쉼터가 있으면 그곳으로 가라. 그리고 자신이 본 모든 문장을 큰소리로 계속 읽고 또 읽어라. 이것이 구체적인 방법이다. 다시 말하지만 외국어는 도서관이나 독서실에서 공부하는 게 아니다.

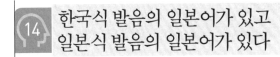
한국식 발음의 일본어가 있고 일본식 발음의 일본어가 있다

호텔이나 외국인들이 많이 있는 장소에 가 보면 외국인들이 대화를 나누고 있는 모습을 자주 보게 된다. 그런데 이야기를 좀 엿듣다 보면 뭔가 발음이 조금 부자연스러운 사람들이 간혹 있다. 그런 사람들을 자세히 보면 일본 사람이 아닌 한국 사람인 경우가 많다. 결국 겉모습은 큰 차이가 없지만 그 사람들이 구사하는 발음으로 금세 한국인인지 일본인인지를 구분할 수 있게 된다.

전부는 아니지만 많은 한국 사람들이 한국식 발음의 일본어를 하고 있다. 일본식 발음의 일본어는 말 그대로 그냥 일본인 발음을 의미하고, 한국식 발음의 일본어라는 것은 목소리의 톤이나 악센트, 억양은 한국식 발음에 말만 일본어로 한다는 것이다. 이런 경우에는 금방 한국인이라는 것을 알 수 있다. 영어의 경우를 이야기하면 미국식 발음의 영어는 미국인의 영어 발음을 의미하고, 한국식 발음의 영어는 한국어 발음에 말만 영어로 한다는 것이다. 이런 경우 말을 잘해도 발음이 아주 우스꽝스러운 경우가 많다.

한국어를 할 때는 발음도 정말 한국식 발음의 한국어로 말하되 일본어로 말할 때는 정말 일본식 발음의 일본어로 해야 그것이 자연스럽다고 필자는 생각한다. 그래서 어떻게든 일본인이 하는 발음을 똑같이 흉내 내야 한다고 생각한다. 이것은 필자가 일본을 너무 사랑해서도 아니고 일본인이 너무 되고 싶어서도 아니다. 단지 그것이 좀 더 자연스러운 일본어이기 때문에 그렇게 흉내를 내는 것이다. 참고로 필자는 대한민국인이라는 것에 대해 무한한 자부심을 느낀다. 하지만 일본어를 할 때만큼은 최대한 일본인의 흉내를 내어야 좀 더 자연스러운 일본어를 구사할 수 있다고 생각한다. 그리고 그것이 진정한 프로라고 생각한다.

일본인의 발음은 남자는 아주 낮은 톤인 경우가 많고 여자는 좀 높은 톤인 경우가 많다. 일본 쇼 프로그램 방송에 나오는 일본 여자들의 톤은 굉장히 높은 톤인 경우가 많다. 그렇지만 그것은 약간 방송용 발음이고 실제로 일본인을 만나면 그렇게까지 톤이 높지는 않지만 그래도 조금 높은 편이다.

그런데 톤보다 더 중요한 것은 일본인은 말을 할 때 꼭 로봇이 이야기하듯 딱딱 끊어서 말하는 경우가 많다는 것이다. 하지만 한국 사람은 한국어를 할 때 딱딱 끊기보다는 좀 길게 늘어뜨리는 편이다. 그래서 그런 발음으로 일본어를 하기 때문에 뭔가 부자연스러운 느낌의 일본어가 되는 것이다. 나중에 일본인 친구가 많이 생겼을 때도 계속 한국식 일본어 발음을 하면 좀 발음이 촌스럽다는 말을 들을 수도 있다. 물론 이런 부분은 그렇게 중요하거나 심각한 부분은 아니지만 정말 좀 더 자연스러운 일본어를 구사하고 싶다면 염두에 두는 것이 좋을 것 같다.

필자는 예전에 일본어를 잘하지 못할 때 목표가 일본 사람과 처음 만나 1시간 정도 일본어로 대화를 나눈 후 "내가 사실은 한국인이다."라고 밝히는 것이었다. 그래서 일본인이 놀라는 것을 보는 것이었다. 한국인인 필자가 한국인에게 일본인인 척 하기는 쉽다. 한국인은 일본어의 발음 구분을 잘 못하기 때문이다. 하지만 일본인에게 일본인인 척하기는 아주아주 어렵다. 몇 마디만 하면 금방 자기 나라 사람인지 외국 사람인지 알 수 있기 때문이다. 그러면 필자가 일본인을 헷갈리게 하기 위해서는 얼마나 피나는 노력을 해야 할 것인가. 사실 필자는 아직 이 목표는 이루지 못했지만 꽤 많이 다가가고 있다. 독자 여러분도 충분히 그렇게 될 수 있다.

15 문장을 조금 빨리 말하는 연습을 하되 발음을 정확히 하라

다시 언급하지만 문장을 외우기 전에는 반드시 그 문장의 문법적 구조, 단어, 숙어를 확실히 인식해야 한다. 그리고 문장을 외울 때는 최대한 정확히 또박또박 발음을 해야 한다. 그래야만 일본어 발음에 대한 체계적인 확립이 제대로 설 수 있기 때문이다.

그리고 어느 정도 외운 문장이 입에 배었다면 문장을 읽는 속도를 점점 빠르게 한다. 왜냐하면 빨리 말하는 연습을 하면 할수록 속도 감 있는 대화가 가능해진다. 실제 일본 사람의 대화 속도는 굉장히 빠르다. 그렇기 때문에 그 속도에 맞추기 위해서는 되도록 빨리 말 하는 연습을 해야 한다. 그렇다고 너무 빨리 말해 버리면 발음이 이 상해질 수 있기 때문에 자신이 발음하는 데에 전혀 문제가 없는 정 도까지의 속도만을 내면서 문장을 외워야 한다. 그리고 평소에 빠르 게 읽는 습관을 들여 놓으면 실전 회화에서 여유 있는 대화가 가능 해진다. 빨리 말하는 사람이 말의 속도를 줄이는 것은 그다지 어렵 지 않지만 천천히 말하는 사람이 빨리 말하기는 굉장히 어렵기 때문 이다.

경상도 방언의 발음은 일본인이 쓰는 일본어의 발음과 아주 흡사하다

  세상에서 가장 일본어를 공부하는 데 유리한 조건을 가지고 있는 사람은 바로 경상도 사람이라고 생각한다. 왜냐하면 일단 한국어와 일본어는 어순이 거의 같기 때문에 한국인이 일본어를 공부하기는 비교적 쉽다. 발음의 부분에서도 일본어의 거의 모든 발음이 한국어의 발음 안에 포함되어 있기 때문에 한국인은 일본어를 공부하기가 굉장히 좋은 조건에 있다. 그런 데다가 한국의 경상도 방언의 전체적인 발음은 일본어의 발음과 너무도 흡사하다. 일본어는 대부분 말을 할 때 문장 양 끝은 억양이 내려가고 중간 부분은 억양이 올라간다. 그런데 경상도 방언도 웬만한 말은 문장 양 끝의 억양은 내려가고 중간이 올라간다. 이 부분이 일본어와 너무 흡사하기 때문에 경상도 사람들끼리 빨리 대화하는 것을 들으면 마치 일본 사람들끼리 대화하고 있다는 착각을 일으키게 하는 경우가 있다.

  그에 반해 특히 서울 사람의 말은 문장 끝 부분의 억양이 올라가는 경우가 많다 보니까 서울 사람들이 이런 억양의 부분에서 어려움을 겪는 것을 많이 봤다. 물론 이 부분도 그다지 중요한 부분은 아니라고 생각한다. 악센트가 좀 이상하다고 말이 통하지 않는 것은 아니기 때문이다. 단지 일본 사람과 대화를 하는 동안에 일본인이 자주 웃을 수도 있다. 다시 말해 뭔가 좀 부자연스러운 일본어가 될 수 있다는 것이다. 그래서 이 부분도 어느 정도는 신경을 써야 한다.

17 한국의 외래어 발음과 일본의 외래어 발음은 아주 다르다

　외래어라는 것은 어떤 사물이나 현상에 대해 자신의 모국어로 표현할 만한 단어가 없을 경우 그 사물이나 현상을 잘 표현할 수 있는 단어를 외국어에서 찾아 그것을 모국어화시켜 자기의 모국어를 구사할 때 사용하는 단어들이다. 예를 들면 버스라든가 컴퓨터와 같은 단어들이다. 이런 외래어는 일본어에도 굉장히 많이 있다.

　그런데 일본어를 공부하는 사람들이 한국어의 외래어 발음과 일본어의 외래어 발음이 같을 것이라는 착각을 자주 한다. 어차피 둘 다 같은 영어에서 왔기 때문에 발음도 같지 않을까 하는 것이 한국인의 생각이다. 그래서 일본인과 대화를 할 때 외래어를 한국어식 발음으로 말하는 경우가 많다. 하지만 한국인이 한국어식 발음으로 외래어를 말할 경우 일본인은 잘 알아듣지 못한다.

　대표적인 예로 〈맥도날드〉라는 외래어가 있다. 아시다시피 〈맥도날드〉는 유명 패스트푸드 브랜드이다. 그런데 일본인에게 〈맥도날드〉라고 하면 알아 듣지를 못한다. 왜냐하면 〈맥도날드〉의 일본어식 발음은 〈マクドナルド(마쿠도나루도)〉이기 때문이다. 일본인은 〈맥도날드〉라는 발음을 할 수가 없다. 일본어는 한국어에 비해 발음의 수가 월등히 적기 때문이다. 자신의 모국어에 없는 발음으로 외래어를 발음하게 되면 알아듣지 못하는 것은 당연한 것이다. 그렇다면 우리도 일본인과 일본어로 대화를 할 경우에는 역시 〈マクドナルド〉라고 발음을 해야 하는 것이다.

그런데 한국인의 입장에서는 〈맥도날드〉를 〈マクドナルド〉라고 발음하는 것을 민망해 하는 경우가 많다. 왜냐하면 발음이 너무 촌스러워지기 때문이다. 세계적으로도 일본인의 외래어 발음이 좀 우스꽝스러운 것은 사실이다. 일본어는 발음이 너무 적기 때문에 외래어를 최대한 비슷하게 발음하려고 해도 우스꽝스러운 발음이 되는 것이다. 그렇지만 한국어는 세계적으로도 어느 외국어보다도 발음의 개수가 많다. 그렇다고 유창한 영어식 발음으로 외래어를 발음하면 정작 일본 사람은 알아 듣지를 못하는 것이다. 결국 로마에 가면 로마법을 따라야 하는 것처럼 일본 사람과 일본어로 대화할 때는 일본인에게 맞춰야 하는 것이다.

아무리 유창한 외래어 발음을 한다 한들 일본 사람이 그 외래어를 이해하지 못한다면 무슨 의미가 있겠는가? 결국 일본어로 말할 때는 일본어식 외래어 발음을 구사해야 한다. 처음에는 많이 어색할 것이다. 〈컴퓨터〉는 〈コンピュータ(콤퓨-타)〉라고 발음해야 할 것이고, 〈서울(한국의 수도)〉은 〈ソウル(소우루)〉라고 발음해야 할 것이다. 하지만 시간이 지나면 익숙해질 것이다.

일본어에도 의미는 같지만 상황에 따라 쓰임새가 다른 단어들이 많다

한국과 일본은 같은 한자 문화권에 있기 때문에 한국에서 쓰이는 한자 단어와 의미가 똑같은 한자 단어들이 일본어에도 많이 쓰인다. 그래서 한국인이 일본인과 회화를 할 때에 한국어에서 쓰이는 한자 단어와 의미가 같은 일본어 한자 단어를 그대로 쓸 때가 있다. 그런데 이상하게도 어색한 일본어가 되는 경우가 있다. 왜냐하면 그 쓰여진 단어들이 서로 의미는 같지만 일본에서는 다른 경우에 쓰여지기 때문이다.

예를 들어 伝染(전염)과 感染(감염)이라는 두 개의 단어를 비교해 보면, 둘 다 비슷한 의미를 가지고 있다. 그런데 伝染은 伝染病라는 단어로 많이 쓰인다. 예문을 들면 これは確かに伝染病です。로 뜻은 "이것은 분명히 전염병입니다"이다. 이 표현은 한국과 큰 차이가 없다. 그런데 만약 "학교에서 많은 학생들이 인플루엔자에 전염되었습니다."라고 할 때 学校で多くの学生がインフルエンザに伝染されました。라고 하면 의미는 통하지만 약간 어색한 일본어가 된다. 이때는 学校で多くの学生がインフルエンザに感染しまし

た。라고 표현하는 것이 자연스럽다.

다른 예를 들어보면 일본어에 칼이라는 단어를 찾아보면 여러 가지가 나온다.

대표적으로 刃物(はもの)、刀(かたな)、ナイフ이다.

이 세 개의 단어는 사전을 찾아보면 다 칼이라는 뜻으로 나오지만, 엄밀히 말하면 서로 차이가 많이 난다.

刃物는 자를 만한 것을 통틀어 말한다. 그렇기 때문에 칼뿐만 아니라 가위도 포함이 될 수 있다. 그래서 보통 공항에서 刃物持(も)ち込(こ)み禁止(きんし)(날카로운 물건 반입 금지)라는 표지판에 쓰인다. 아니면 子供(こども)に刃物を持(も)たせるのは危険(きけん)です。(아이에게 날카로운 물건을 가지게 하는 것은 위험합니다.)라는 표현으로 쓰일 수 있다. 두 번째 刀는 일본의 옛날 무사들이 쓰던 칼을 의미한다. 그래서 예를 들어 これは江戸時代(えどじだい)の刀です。(이것은 에도시대의 칼입니다.)라는 표현으로 쓰일 때는 적절하다. 세 번째 ナイフ가 가장 일반적으로 회화에서 자주 쓰이는 표현이다. 예문을 들면 ナイフを落(お)としてしまったので、取(と)り替(か)えてもらえますか。(칼을 떨어 떨어뜨렸는데요, 바꿔 주실 수 있을까요?)라고 하면 적절하다. 그런데 만약 위의 예문에서 ナイフ 대신에 刃物나 刀를 넣는다면 좀 웃긴 일본어가 될 것이다.

다른 단어를 예로 들어보면 拒絶(きょぜつ)와 断(ことわ)る를 들 수 있다. 이 두 개의 단어는 뜻이 같지만, 쓰이는 상황이 조금 다르다.

예문을 들면 私はそう言(い)われると拒絶反応(はんのう)が起(お)きます。(나는 그

런 말 들으면 거부 반응이 일어납니다.)라는 표현으로 쓸 수 있는데, 여기서도 한국인이라면 拒絶反応(직역: 거절 반응)보다는 拒否反応(직역: 거부 반응)이 더 적절하지 않을까라고 생각하지만 일본어에서는 拒絶反応를 좀 더 많이 쓰는 편이다. 아니면 お見舞いに行ったけど、面会拒絶と書いてありました。(문병을 갔지만, 면회 거절이라고 써 있었습니다.)와 같은 상황에서 쓸 수 있는 표현이다.

반면 断る는 다음과 같은 예문에서 쓰일 수 있다. デートを申し込んだけど、断られました。(데이트를 신청했지만, 거절당했습니다.) 그런데 만약 위의 예문을 デートを申し込んだけど、拒絶されました。라고 한다면 뜻은 통하지만 어색한 일본어가 된다.

이것과 비슷한 것이 〈比較する〉와 〈比べる〉이다. 둘 다 뜻은 〈비교하다〉이지만 〈比較する〉는 문어체 단어이고, 〈比べる〉는 회화체 단어이다. 예문을 들어 보면 去年と今年を比較すると円が安くなりました。(작년과 올해를 비교하면 엔이 싸졌습니다.)라는 표현이 적절하다. 위의 문장은 문어체 표현으로서 회화에서 말하게 되면 딱딱한 표현이 된다. 만약 이 위의 문장을 회화에서 쓰게 된다면 去年と比べると今年は円が安くなりました。(작년과 비교하면 올해는 엔이 싸졌습니다.)라고 할 수 있다. 比べる를 이용한 다른 예문으로 人と比べるのはよくないです。(남과 비교하는 것은 좋지 않습니다.)라는 문장은 회화에서 자주 쓰이는 표현이 된다.

마지막으로 다른 예를 들어보면 みすぼらしい와 しがない를 들

수 있다. 둘 다 사전에는 초라하다라고 나오지만,

みすぼらしい는 겉모습이 초라한 것을 나타내고 しがない는 자신을 낮추어서 초라하다라고 표현할 때 쓰인다. 예문을 들어보면 そんなみすぼらしい格好(かっこう)でデートに来(こ)ないでよ。(그런 초라한 옷차림으로 데이트에 오지 말아줘.)와 같이 겉모습이 초라하다는 의미로 쓰인다. 반면 しがない를 이용한 예문을 들어보면 私(わたし)はただのしがない会社員(かいしゃいん)です。(저는 단지 초라한 회사원입니다.)와 같이 자신을 낮추어서 초라한 처지에 있다는 표현을 할 때 쓰인다.

일본어에는 문어체 단어〈書(か)き言葉(ことば)〉와 회화체 단어〈話(はな)し言葉(ことば)〉가 존재한다. 즉 말할 때와 쓸 때 쓰는 단어가 다르다는 것이다. 또한 같은 뜻을 가지지만 눈에 보이는 측면을 나타내는 단어와 눈에 보이지 않는 부분을 나타내는 단어로 나뉘는 경우가 많다. 이런 부분을 잘 알고 있어야만 자연스러운 프리토킹이 가능해질 것이다.

위의 예문을 통해서 일본어에는 표면적인 의미는 같지만, 상황에 따라 쓰이는 단어가 구분이 되어 있다는 사실을 알게 되었다. 그래서 무작정 아무 단어나 써서는 안 되고, 그 각각의 단어의 정확한 쓰임에 대해 확실히 알아야만 자연스러운 일본어를 구사할 수 있게 되는 것이다.

또한 한국어 사전에는 뜻이 같다고 나와 있는 두세 개의 단어들이 실제로는 전혀 다르게 쓰이는 경우가 많다.

예를 들어 〈気(き)まずい〉와 〈ぎこちない〉이다. 단어의 뜻은 둘 다

〈어색하다〉로 나온다. 하지만 둘의 쓰임은 전혀 다르다.

〈気まずい〉는 서로 잘 알고 있는 두 사람이 싸움을 하고 나서 며칠 후에 만났을 때 뭔가 서로에 대해 어색한 감정이 들 때 쓰는 단어이고, 〈ぎこちない〉는 서로 전혀 모르는 두 사람이 처음 만났을 때 서로에게 갖는 어색한 감정을 말할 때 쓰이는 단어이다. 예문을 들어 보면

ex) 田中と喧嘩してから三日後に会ったが、気まずい感じがしました。 다나까와 싸우고 나서 3일 후에 만났는데, 어색한 느낌이 들었습니다.

ex) 初デートで、彼女と手を繋いだが、何だかぎこちない感じだったんです。 첫 데이트에서 여자 친구와 손을 잡았는데, 왠지 모르게 어색한 느낌이었습니다.

다른 예를 하나 더 들면 〈手を繋ぐ〉와 〈手を掴む〉가 있다. 둘 다 뜻은 〈손을 잡다〉이다. 하지만 그 쓰임은 전혀 다르다.

〈手を繋ぐ〉는 서로 합의하에 서로가 상대방의 손을 잡고 싶어서 잡을 때 쓰이는 표현이다. 하지만 〈手を掴む〉는 한 사람이 강제적으로 다른 한 사람의 손을 잡을 때 쓰는 표현이다. 결국 말은 같지만 그 느낌은 완전히 다르다는 것이다. 이것도 예문을 들어 보자.

ex) 木村さんはいつも彼女と手を繋いでいます。 기무라 씨는 항상 여자 친구와 손을 잡고 있습니다.

ex) 田中さんが犯人の手を掴みました。

다나까 씨가 범인의 손을 잡았습니다.

　마지막으로 하나의 예를 더 들어 보겠다. 〈騙す〉와 〈ごまかす〉라는 단어이다. 둘 다 〈속이다〉라는 뜻이다. 하지만 〈騙す〉는 정말 악의를 가지고 사람을 속이려고 할 때 사용된다. 예문을 하나 들면 〈田中さんが人を騙してお金を取るなんて信じられないです。(다나까 씨가 사람을 속여서 돈을 빼앗는다니 믿을 수 없습니다.)〉를 들 수 있고 이 때 〈騙す〉라는 동사가 쓰인다. 하지만 〈ごまかす〉는 그렇게 악의를 가지고 남을 속이는 것이 아니라 자신의 신체의 일부분(예를 들어 나이, 몸무게, 키)을 속인다거나 아니면 자신의 감정 상태를 속일 때 쓰이는 동사이다. 예문을 들어보면 〈彼女から私の身長を聞かれたので、2センチぐらいごまかして答えたが、気づかなかったようです。(여자 친구가 내 키를 물었는데, 2센티미터 정도 속여서 대답했는데, 눈치 채지 못한 것 같았습니다.)〉를 들 수 있고 이때 〈ごまかす〉를 쓴다.

　위에 나와 있는 예를 통해 상황에 따라서 그 상황에 맞게 쓰이는 단어가 전부 다르다는 것을 알 수 있다. 그런데 각 단어들의 정확한 쓰임새를 알지 못하면 결국 부자연스러운 일본어가 된다. 물론 일본 사람은 외국인이 말하기 때문에 그 정도는 이해를 하면서 듣겠지만 어찌 되었건 이상한 일본어가 된다.

결국 뜻이 같다고 해서 그 쓰임새도 같은 것이 아니다. 두 개의 단어의 뜻이 완전히 같다면 둘 중 하나는 있을 필요가 없을 것이다. 뭔가 미묘한 부분에서 뜻이 다르기 때문에 둘 다 존재하는 것이 아니겠는가? 그래서 사전에 뜻이 같은 두세 개의 단어가 나오면 반드시 의심을 해보고 그 각각의 단어의 정확한 의미를 파악한 후 반드시 그 단어를 이용한 완전한 예문을 만들어서 무조건 입으로 외워야 할 것이다.

안 들리는 것 억지로 들으려 하지 말고 해설지를 다 외우자

필자는 중학교와 고등학교 그리고 일반 외국어 학원을 다닐 때 외국어 듣기 수업 시간에 이런 말을 선생님으로부터 자주 들었다. "듣기평가 시험 칠 때 전체 지문을 완벽하게 알아 듣지 못해도 된다. 그 지문에서 핵심이 되는 문장, 단어만 잘 들어도 답은 맞힐 수 있다." 이 선생님의 말을 잘 살펴보면 결론은 〈답은 맞힐 수 있다.〉이다. 결국 정답 찍기식 듣기 공부 방식을 학생들에게 가르친 것이다. 여기서 다시 한 번 짚고 넘어가야 할 부분이 우리가 외국어를 공부하는 근본 목적이 무엇이냐 하는 것이다. 답을 맞히기 위해서가 아니다. 답을 맞혀서 학점을 올리기 위해서가 아니라 외국인과의 원활한 의사소통을 위해서이다.

그렇다면 이 선생님 말대로라면 외국인을 만나도 외국인이 하는 이야기 전체를 완벽하게 알아 듣지 못해도 핵심 문장, 핵심 단어만 알아들어도 된다는 말인가? 학교에서 학원에서 이렇게 가르치니까 학생들은 전체 지문을 완벽하게 알아들으려고 노력하기보다는 요령만 생겨서 정답 찍기에만 급급한 이상한 외국어 공부를 하고 있는 것이다.

이런 식으로 계속 공부하는 습관이 생기면 나중에 실제 외국인을 만나서도 그 사람이 하는 이야기 전체를 알아듣지 못하고 핵심 문장, 핵심 단어만을 찾기에 급급하지 않겠는가? 여러분도 한국인 친구를 만나서 대화를 나눌 때 친구의 모든 말을 당연히 처음부터 끝까지 알아듣지 않는가? 외국인을 만났을 때도 그와 같아야 한다. 그 정도로 프리토킹의 달인이 되려고 외국어를 공부하지 않는가? 그러면 지금부터 진정한 프리토킹의 달인이 되기 위한 올바른 듣기 방법이 무엇인지에 대해 설명하겠다.

일단 자신의 수준에 맞는 듣기 문제집을 산다. 보통 한 권의 듣기 책 안에는 3개 정도의 CD가 들어 있다. 그러면 일단 1개의 CD를 통달하기 전까지는 다음 CD를 절대 듣지 마라. 여기서 1개의 CD를 통달한다는 것은 그 CD 안에 있는 모든 문장을 토씨 하나 안 틀리고 완벽히 들을 수 있고 또한 완벽하게 말할 수 있다는 것을 의미한다. 결국 듣기 공부를 듣기로만 끝내는 것이 아니라 말하기 공부로도 연결시킨다는 것이다. 하나의 문장을 완벽하게 마스터했다는 것은 그 문장을 완벽하게 들을 수만 있는 것이 아니라 말도 할 수 있어야 한다. 듣기와 말하기는 따로따로가 아니기 때문이다.

CD 하나를 통달하는 구체적인 방법은 예를 들어 듣기 문제집이 있다고 하고 문제가 총 300문제가 있다고 하자. 그리고 그 문제집의 듣기 내용이 3장의 CD 안에 저장되어 있다고 하고 각각의 CD 안에는 100문제씩 들어 있다고 하자. 그러면 일단 첫 번째 CD만을 본다. 분량은 일단 하루에 10문제를 보는 것을 기준으로 하면 될 것이다. 1번 문제부터 10번 문제까지 일단은 한번 풀어 본다. 맞힌 문제도 있을 것이고 틀린 문제도 있을 것이다. 맞혔거나 틀렸거나 그것은 그다지 중요하지 않다. 문제를 맞혔다고 해서 그 문제의 모든 지문의 내용을 완벽하게 원어민처럼 알아들었다고 보기는 어렵기 때문이다.

문제를 다 풀었으면 그 다음부터는 해설지를 본다. 해설지에는 각각의 문제에 대한 모든 지문의 내용이 적혀 있을 것이다. 그리고 일단은 해설지 안에 있는 1번부터 10번까지의 모든 지문에 대한 문법적인 구조, 단어, 숙어적인 부분을 완벽히 인식한 다음 1번의 첫 번째 문장부터 각각의 문장을 기본 30번 이상 반복해서 들어라.

한 문장씩 한 문장씩 끊어서 30번씩 들어라. 여기서 30번이라는 횟수는 사람에 따라서는 충분할 수도 있고 부족할 수도 있다. 핵심은 완전히 100% 귀에 익게 들어서 일본어가 외국어인지 모국어인지 구분이 안 될 정도로 잘 들려야 한다는 것이다. 그냥 알아들을 수 있는 정도의 수준이 아니라 너무 많이 들어서 이제는 도저히 질려서 못 듣겠다는 생각이 들 때까지 듣는 것이다.

그리고 그와 마찬가지로 입으로도 그 문장을 30번 정도 계속 반복해 읽어서 그 문장을 원어민이 말하는 수준까지 끌어 올려야 한다. 발음을 하는 데에 전혀 막힘이 없을 때까지 읽어야 한다. 하지만 처음 일본어를 시작하는 사람은 듣기는 어느 정도 30번을 들으면 잘 들리지만 말하기는 100번을 넘게 해도 발음이 원활하게 안 되는 경우가 있다. 그래서 말하기는 초보자의 경우 30번만을 하고 다음 문장으로 넘어가면 될 것이다.

대개 듣기 평가 한 문제 안에 있는 지문에는 10개에서 20개 정도의 문장(질문의 문장과 보기의 문장을 포함)이 있다. 그러면 평균 한 문제당 15개의 문장이 있다고 하고 하루에 10문제의 문장을 외운다면 하루에 150개의 문장을 외우는 셈이 된다. 어마어마한 양의 문장을 외우게 되는 것이다. 그래서 10문제만 외우는 데에도 대략 처음에는 5시간 정도의 시간이 걸린다. 하지만 앞에서도 언급했지만 외국어는 어떤 부분(듣기, 말하기)이든지 외우면 외울수록 외우는 속도가 빨라진다는 것을 알아야 한다. 그래서 처음에는 10문제를 끝내는 데 5시간이 걸릴 수 있겠지만, 그 시간은 점점 날이 갈수록 줄어 들면서 6개월 정도 꾸준히 공부를 한다면 어마어마한 속도로 문장을 외우게 될 것이다.

그리고 앞에서도 언급했지만 첫 날 10문제를 다 외웠다면 그 다음 날에는 반드시 11번부터 20번까지의 문제만을 봐야 한다. 전날 힘들게 외운 1번부터 10번까지의 문장을 다음날 다시 보지 않으면 완전히 자기 기억 속에서 사라질 것 같은 생각이 올라와서 봐야겠다는 충동이 들더라도 절대로 보지 말고 그날의 분량인 11번부터 20번까지의 문제만을 보아야 한다. 다시 말하지만 절대로 자기 기억 속에서 사라지지 않는다. 일단은 진도를 끝까지 나가는 데에 집중하라. 그렇게 하면 10일 후에는 100번까지의 문장을 다 외울 수 있게 될 것이다.

그러면 그 다음날에는 두 번째 CD를 보는 것이 아니라 다시 1번으로 돌아가서 또 다시 문장을 입으로 귀로 외운다. 그렇게 해서 첫 번째 CD를 최소 100회 반복해서 외운다. 첫 번째 CD 안에 있는 모든 문장을 원어민처럼 자연스럽게 들을 수 있고 원어민처럼 자연스럽게 말할 수 있게 된다면 두 번째 CD로 간다. 똑같은 방식으로 공부하면 될 것이다. 그리고 두 번째 CD가 끝나면 세 번째 CD로 가면 된다. CD를 통달하는 속도가 기하급수적으로 빨라진다는 것을 느끼게 될 것이다.

그렇게 한 권의 책이 끝나면 다음 듣기 문제집을 사서 똑같은 방식으로 공부하라. 첫 번째 CD를 끝내는 데에는 사람마나 조금씩 다르겠지만 대략 5개월이 걸릴 것이다. 그렇지만 두 번째 CD를 끝내는 데는 약 4개월이 걸리고, 세 번째 CD를 끝내는 데는 3개월이 걸릴 것이다. 네 번째 CD를 끝내는 데는 2개월이 걸릴 것이고, 다섯 번째 CD를 끝내는 데는 1개월 정도면 충분할 것이다.

그리고 그 다음부터는 하나의 CD를 끝내는 데 1개월 이하로 되지는 않을 것이다. 그렇게 해서 10개 정도의 CD(대략 듣기 문제집 3권 정도)의 문장을 귀로 입으로 다 외웠다면 그 다음부터는 일본 방송을 보면 될 것이다.

대략 3권의 듣기 문제집을 마스터했다면 적어도 15,000개(CD 한 장 안에 100문제×문장 개수 한 문제당 15개×CD 개수 10개 = 100×15× 10 = 15,000)의 문장을 나의 문장으로 만들게 되는 것이다. 이 정도의 어학 실력이라면 충분히 일본 방송을 볼 수 있는 기본은 된 것이다.

많은 사람들이 일본어 공부를 하는데 사람마다 공부하는 방법이
다양하다. 책을 위주로 공부하는 사람이 있는가 하면 일본인과 직접
대화를 하며 공부하는 사람도 있고, 일본 애니메이션이나 드라마를
보면서 공부하는 사람도 있다. 다 좋은 방법이라 하겠지만, 공부하
는 순서가 있다고 생각한다. 그중 드라마나 애니메이션을 보면서 공
부하는 사람에게 하고 싶은 이야기가 있다. 드라마나 애니메이션을
보면서 공부하는 것도 괜찮다고 생각한다. 실제 일본인이 쓰는 일본
어를 그대로 느낄 수 있고, 또한 자신이 좋아하는 일본 연예인이 나
와 연기하는 모습을 보며 즐거움을 느끼면서 공부도 하니까 일석이
조의 이점이 있다고 생각한다.

그런데 책과 교제, 문제집을 위주로 일본어 공부를 하면서 단지
휴식 시간에 짬을 내서 방송을 보시는 분이라면 해당이 되지 않겠
지만, 그렇지 않고 드라마나 애니메이션을 주교재로 하여 일본어를
공부하시려는 분들에게 꼭 하고 싶은 이야기가 있다. 드라마를 주
교재로 일본어를 공부하는 것은 좋지만, 절대로 이 드라마 저 드라

마 여러 개의 드라마를 동시에 봐서는 안 된다. 반드시 하나의 프로그램, 예를 들면 〈꽃보다 남자〉 1회만을 보되 그 1회를 수없이 반복해서 봐서 그 안에 있는 모든 대사를 다 외워야 한다. 중요한 것은 문법적인 구조를 완전히 이해하고 나서 외워야 한다. 그렇게 공부하지 않으면 아무리 드라마를 많이 봐도 실력이 향상되지 않을 것이다. 물론 조금의 실력은 향상될 수 있겠지만 그다지 성과를 거두지 못한다. 달리 말하면 시간 낭비이고 수박 겉 핥기식 공부 방식이될 뿐이다.

또한 그냥 취미로 쉴 때 보는 정도라면 상관이 없겠지만, 정말 일본 방송을 주교재로 해서 일본어 공부를 하려고 한다면 우선 자신의 일본어 실력을 냉철하게 판단하여 과연 드라마나 애니메이션을 주교재로 일본어 공부를 할 수 있는 실력인지 검토해 봐야 한다. 필자의 생각에는 일본 드라마나 애니메이션을 주교재로 일본어 공부를 하려는 사람은 최소한 N2, N3, N4 문법에 대해서는 완벽하게 알아야 하고 한자도 최소 2,000자 이상 알아야 하고 단어도 1만 개 이상은 숙지하고 나서야 비로소 가능하다고 생각한다.

왜냐하면 그렇지 않은 상태에서 공부를 하게 된다면 모르는 것도 너무 많고 이해 안 되는 문법, 단어, 문장 구조가 너무 많아 어떻게 해야 할지를 모르는 막다른 벽에 도달한 느낌을 갖게 될 것이기 때문이다. 설령, 그 드라마에 나오는 문법, 단어, 문장 구조, 숙어에 대해 일일이 설명해 주는 사람이 있다 하더라도 그 내용을 따로 정리

해야 할 것이고 정리하려면 너무 많은 시간을 낭비하게 된다. 결국 지쳐 버린다.

그래서 처음 일본어를 시작하시는 분은 반드시 교재를 주로 하여 문법을 확고히 하고 각각의 문법을 이용한 예문을 반드시 외워나가는 공부부터 해야 할 것이다. 그렇게 해서 어느 정도 드라마를 볼 수 있을 만한 실력이 되면 그때 드라마를 주교재로 해서 공부해도 늦지 않다. 그리고 훨씬 효과적으로 공부할 수 있게 될 것이다. 그러면 본격적으로 드라마를 주교재로 하여 공부하려면 어떻게 해야 하는지 알아보자.

앞에서도 잠깐 언급한 바와 같이 여러 개의 드라마를 보는 것이 아니라 하나의 드라마, 예를 들어 〈꽃보다 남자〉 1회만을 질리도록 봐서 그 안에 있는 모든 대사를 완전히 노래 가사 외우듯 외워 버려야 한다. 똑같이 흉내 내고 구간 반복 기능이 가능하게끔 해서 10번이고 20번이고 계속 따라 말해서 전혀 막힘없이 말할 수 있게끔 해야 한다.

여기서 핵심 포인트는 반드시 그 문장의 문법적 구조를 확실히 이해한 다음 외워야 하고, 또 하나는 절대로 그 말을 한국어로 해석하려고 해서는 안 된다는 점이다. 그런 버릇이 있다면 빨리 버려야 한다. 물론 우리는 자랑스러운 대한민국 사람이지만 일본어 공부할 때만큼은 자신이 일본 사람이라 생각을 하고 그 자체로 이해를 해 버려야 한다. 한국어로 계속 해석을 하려고 하면 그 일본어를 이해하

는 데 몇 배의 시간이 더 걸린다. 〈私は韓国人です。〉는 〈나는 한국인입니다.〉가 아니고 그냥 〈私は韓国人です。〉이다.

그래서 보고 또 보고 하나의 프로그램을 완전히 통달해야 한다. 그 안의 모든 대사를 노래 가사 외우듯 외우고 또 외워서 자신이 그 드라마의 모든 등장인물이 되는 것이다. 그렇게 완전히 질리도록 보면 〈꽃보다 남자〉 2회를 똑같은 식으로 본다. 그런데 2회를 통달하는 데는 1회보다는 시간이 많이 단축될 것이다. 왜냐하면 중복되는 비슷한 형식의 문장이 많기 때문이다. 드라마라는 것은 사람 사는 이야기이고, 결국 웬만한 드라마가 다 내용이 거기서 거기이기 때문에 비슷한 형식의 문장이 많이 나온다. 그래서 시간이 많이 단축된다. 2회가 끝나면 3회로, 3회가 끝나면 4회로 계속 나간다. 중요한 것은 회가 넘어 갈수록 속도는 점점 빨라지게 될 것이라는 점이다. 10회 정도까지만 보면 드라마의 달인이 되어 있을 것이다. 10회까지 보면 어마어마한 양의 문장을 외우게 될 것이다. 드라마를 주교재로 공부하려고 한다면 이렇게 공부해야 한다.

21 일본 방송도 보는 순서가 있다

어느 정도 회화 실력이 갖추어졌다면 일본 방송을 보는 것도 괜찮다. 그런데 일본 방송도 방송의 특성상 난이도가 있다. 굳이 자기가 보고 싶은 방송이 있어서 그런 방송만 봐야겠다고 고집하시는 분이 있다면 어쩔 수 없겠지만, 쉬운 것부터 차근차근 듣기 공부를 해 나가고 싶다면 다음과 같은 방법을 권한다.

먼저 가장 쉬운 방송부터 나열한다면 다큐멘터리 → 아나운서가 진행하는 프로그램(KBS 〈아침마당〉 같은 형식) → 어린이용 프로그램(애니메이션) → 드라마 → 뉴스 → 애니메이션 → 쇼프로그램의 순서가 된다. 물론 이렇게 난이도를 순서 매김한 것에 대해서 충분히 논란의 소지는 있을 수 있지만, 필자가 이때까지 일본어를 공부해 본 결과로 난이도를 매긴 것이다. 그러면 왜 이런 순서인지 설명하겠다.

먼저 제일 쉬운 것은 다큐멘터리인데, 다큐멘터리는 일단 전문 아나운서가 내레이션을 하고 잡음이 없으며 최대한 표준말을 쓰고 속도가 느리며 굉장히 듣기가 쉽다. 그래서 제일 쉬운 종류의 프로그램이다.

물론 다시 언급하지만 하나의 다큐멘터리를 정했다면 그 다큐멘터리만 수없이 반복해서 보면서 내레이션을 완전히 귀로만이 아니라 입으로도 외워야 한다. 결국 그 다큐멘터리의 모든 문장을 막힘없이 말할 수 있고 원어민처럼 들을 수 있는 경지가 되면 다음 다큐멘터리를 선정한다. 그렇게 5개 정도의 다큐멘터리를 끝내야 한다. 첫 번째 다큐멘터리보다 두 번째 다큐멘터리가 더 빨리 끝날 것이다. 가면 갈수록 속도가 더 빨라진다는 것도 잊어서는 안 된다.

그 다음은 KBS〈아침마당〉같은 형식의 프로그램이다. 이것도 비교적 잘 들리는 이유는 전문 아나운서가 진행을 하기 때문에 발음도 꽤 정확하고 속도도 빠르지 않다. 단지 일반인 전화 상담 같은 것은 음질이 좋지 않고 일반인은 발음도 조금 부정확하며 속도도 들쭉날쭉이기 때문에 이야기를 듣는 것이 조금 어려울 수 있다.

이런 프로그램도 5개 정도 내용을 다 외웠으면 어린이용 프로그램(애니메이션)을 본다. 찾기가 그리 쉽진 않지만 그래도 일본 BS방송국에서는 저녁 6시에 꼭 한 프로씩 한다. 그것을 녹화해서 반복해서 본다. 꽤 내용이 어려울 수도 있지만 그래도 일본의 초등학생을 대상으로 한 프로그램이기 때문에 괜찮을 것이다. 그리고 그 전에 10개의 방송을 통달한 경력이 있기 때문에 어느 정도는 감당이 될 것이다.

그렇게 5개 정도의 방송을 통달했다면 그 다음에는 일본 드라마를 봐야 한다. 드라마도 역시 발음은 꽤 정확한 편이다. 단 50세 이상된 아저씨 연기자의 목소리가 좀 듣기 어려운 경우도 있지만, 웬만하면 발음은 정확하다. 그렇지만 어린이 애니메이션보다 더 어려운 단어와 문장 구조가 나올 수 있기 때문에 많이 어려울 수 있겠지만 충분히 도전해 볼 만하다.

그리고 나면 뉴스를 도전해 보는 것이다. 사람들이 뉴스는 아주 어렵다고 하지만 결코 그렇지 않다. 단지 단어가 좀 어려울 뿐이지 문장 구조는 굉장히 단순하다. 정확히 6하 원칙에 의해 이루어진다. 발음도 굉장히 정확하고 속도도 그렇게 빠르지 않다. 단지 두 자짜리 한자 단어가 좀 많이 나올 뿐이다. 그 전의 수많은 경력이 있기 때문에 충분히 도전해 볼 만하다.

다음으로 일본 애니메이션이다. 예를 들어 〈카우보이 비밥〉이라든가 〈공각기동대〉 같은 애니메이션은 쉬운 부분도 있지만, 굉장히 어려운 대사도 많이 나온다. 특히 〈공각기동대〉 같은 경우는 한글 자막으로도 이해가 잘 안 되는 시적이고 고차원적이며 철학적인 내용이 굉장히 많다. 그래서 마지막 바로 앞으로 선정했다.

끝으로 쇼프로그램이다. 쇼프로그램은 꽤 어렵다. 왜냐하면 은어, 속어, 사투리 등등 사전에도 없는 말을 많이 쓰고 또한 발음도 정확하지 않고 속도도 천차만별이기 때문이다. 그래서 제일 어렵다. 꼭 일본어가 아닌 것 같다는 생각이 들 수도 있다. 하지만 일본 사람은 잘 알아 듣는 걸 보면 틀린 일본어는 아니다. 그래서 제일 어려운 관문으로 정한 것이다. 하지만 한 프로그램만 잡고 독하게 끝까지 계속 들어 보면 뭔가 들릴 것이다. 결국 쇼프로그램도 꾸준히 반복해서 들으면 반드시 통달할 수 있을 것이다.

지금까지 난이도별 듣기 방법에 대해 소개했다. 물론 이렇게 난이도를 정한 것은 필자의 주관적 판단이다. 어떤 사람은 일본 드라마보다 일본 어린이 만화가 더 어렵다고 하는 사람도 있다. 그것은 각자의 판단에 맡기겠다. 난이도의 미묘한 차이에 대한 시시비비는 그렇게 중요하지는 않다고 생각한다. 어떤 어려운 내용이라도 문법적 구조와 단어를 숙지하고 그다음 계속 듣고 입으로 외우면 이해가 된다. 어차피 사람이 하는 말이기 때문에 거기서 거기다. 그런 좀 더 깊은 난이도의 차이까지는 뭐라 말하기 어렵지만, 어쨌든 핵심은 한 프로그램을 잡아서 그 프로그램의 모든 단어와 문법적 구조를 이해한 다음, 계속 수없이 대사를 입으로 귀로 외워야 한다는 것이다. 다시 말하지만 무조건 입으로 외워야 한다. 쓰면 말을 안 하게 된다.

방송 프로그램 하나만을 파고들어 내용을 입으로 귀로 다 외워라

일본 방송은 어느 정도 듣기와 말하기 실력이 향상 되어 있지 않은 상태에서는 보지 않는 것이 좋다고 생각한다. 물론 그냥 취미로 보는 것에 대해서는 아무런 이의가 없겠지만 외국어 습득을 목적으로 한다면 자제하길 바란다. 왜냐하면 모든 일에는 순서가 있는 것과 같이 외국어 공부도 단계가 있다. 어떤 사람은 무작정 계속 듣다 보면 들린다고 하는 사람도 있다. 하지만 그것은 잘못된 생각이다. 왜냐하면 모르는 문법 구조, 단어, 숙어, 문장 구조를 계속 듣는다고 그 뜻을 알게 되는 것이 아니기 때문이다. 물론 몇 십 년 이상 무작정 계속 듣는다면 어느 정도는 이해를 할 수 있을지도 모르지만, 그런 방식의 외국어 습득 방식은 시간이 너무 많이 걸리기 때문에 지금과 같이 바쁘게 돌아가는 세상 속에서는 적합하지 않은 외국어 습득 방식이다.

결국 어느 정도 기본이 갖춰져야만 되는 것이다. 어느 정도 기본이 갖춰진 상태라고 한다면 정확히 그 기준이 어느 정도인지를 파악하기가 힘들 것이다. 그래서 자신이 공부한 문법에 대한 지식 수준과 귀와 입으로 외운 문장의 개수로 기준을 정한다면 일본어 능력 시험(JLPT)를 기준으로 해서 N2 수준의 실력을 갖추면서 귀로 입으로 외운 문장의 개수가 최소 1만 개 정도 이상인 사람이라고 할 수 있다. 이 정도의 외국어 실력을 갖춘 사람이라면 아주 빠른 속도로 일본 방송을 귀로 입으로 마스터해 나갈 것이다. 그 정도의 실력이 되지 않는 사람은 공부의 목적으로는 일본 방송을 보지 않기를 바란다. 물론 그 정도의 실력이 되지 않지만 그래도 봐야겠다면 어쩔 수 없겠지만, 생각만큼 원하는 성과를 거두기 힘들 것이다. 그래서 차근차근 단계를 밟아 가면서 외국어를 습득하기 바란다. 단계적으로 밟아 나가면서 공부하는 것이 결과적으로는 훨씬 더 빠른 성과로 나타날 것이다.

그러면 어느 정도 일본 방송을 봐도 될 만큼 외국어 실력이 향상되었다면 일단 하나의 방송 프로그램을 정한다. 그런데 여기서 먼저 짚고 넘어가야 할 부분이 있다.

일본 방송을 본다고 해서 처음부터 아무 방송이나 봐서는 안 된다. 외국 방송도 보는 순서가 있다. 그 순서는 사람의 생각에 따라 편차가 있을 수 있겠지만 대략 다음과 같이 나눌 수 있다.

1. 다큐멘터리

↓

2. 전문 아나운서에 의해 진행되는 방송(KBS〈아침 마당〉 같은 형식)

$\downarrow$

3. 드라마 →

$\downarrow$

4. 뉴스

$\downarrow$

5. 애니메이션 →

$\downarrow$

6. 쇼프로그램

1번이 제일 쉽고 6번으로 갈수록 점점 더 어려워진다. 물론 사람
에 따라서는 2번이 3번보다 더 어렵다고 하는 사람도 있다. 그렇지
만 필자 생각에는 이렇게 순위를 매겨서 공부해도 전혀 외국어 습득
에는 문제가 없다고 생각한다. 그러면 지금부터 이렇게 순위를 매긴
이유에 대해 설명하고 일본 방송을 어떻게 공부하는지를 상세히 설
명하겠다.

고급의 회화 수준이 아니라면
한국인과의 프리토킹 수업을 추천한다

사람들이 자주 질문하는 것이 "프리토킹 수업을 한국인과 하는 게 좋을까요? 일본인과 하는 게 좋을까요?"라는 것이다. 대답은 간단하다. 하고 싶은 말을 85% 이상 할 수 있을 정도의 회화 실력이 아니라면 한국인과의 프리토킹 수업을 추천한다. 왜냐하면 고급의 회화 실력이 되지 않는 상태에서 일본인과의 프리토킹 수업을 하게 되면 대화 자체가 안 되는 경우가 많기 때문이다. 무슨 말이냐 하면 대부분의 일본인 프리토킹 강사는 한국어를 잘 못한다. 그렇기 때문에 초중급 정도의 회화 실력을 가진 사람들은 서로가 상대방 나라의 말을 잘 못하기 때문에 일본인이 말을 해도 뭐라고 하는지 한국인은 알 수가 없고 일본인 역시 한국인이 한국어로 말을 해도 알아듣지를 못하기 때문에 서로간의 의사소통 장애로 수업 자체가 불가능해진다. 뿐만 아니라 설령 수업을 한다 하더라도 수업의 진도가 빨리 나아가지를 못하고 계속 끊기게 된다. 그렇기 때문에 일본어 회화 실력이 초중급일 때는 한국인 프리토킹 수업이 훨씬 효과적이다. 물론 일본인 중에서 한국어를 굉장히 유창하게 하는 사람이 있다면 금상

첨화겠지만 그런 일본인을 찾기는 쉽지 않다.

또한 이런 질문도 많이 받아 왔다. "한국인 강사의 발음보다는 일본인 강사의 발음이 더욱 정확하니까 초급 때부터 일본인 강사와 회화 수업을 하는 게 좋지 않을까요?"라고 말이다. 물론 한국인의 일본어 발음보다 일본인의 일본어 발음이 더 정확한 것은 당연한 것이다. 하지만 앞에서도 이야기했지만 말 자체가 통하지 않는 상황에서 정확한 발음을 들었다 한들 대답도 못할 것이고 무슨 의미가 있겠는가? 다시 말해 정확한 발음을 듣는 것보다는 최소한 말이 통해서 수업이 원활히 진행되는 것이 몇 배 이상 중요한 것이다.

그리고 프리토킹 수업에서는 듣기보다 말하기가 더욱 중요하다. 듣기는 굳이 선생님이 없어도 체계적인 공부 방식만 안다면 혼자서 CD를 통해서 충분히 공부할 수 있다. 결국 말하기가 더욱 중요한데 초중급자가 일본인과의 수업을 하면 서로간의 의사소통 자체가 불가능해지기 때문에 자신이 어떤 말을 하고 싶어도 그 말을 어떻게 해야 하는지 알 길이 없고 물어볼 수도 없다는 것이다. 결국 회화의 실력은 오르지 않는다. 반면에 한국인과의 프리토킹 수업을 하게 되면 일본어로 대화를 하다가도 무슨 말인지 못 알아들었을 경우 바로 한국어로 물어볼 수도 있고 또한 자신이 하고 싶은 말을 일본어로 어떻게 해야 할지 모를 경우에 바로 한국어로 물어볼 수 있기 때문에 효과적인 프리토킹 수업이 가능해진다.

사람들은 처음부터 너무 큰 욕심을 가져서 원어민과의 프리토킹 수업을 하면 어떻게 좀 실력이 많이 오르지 않을까 하고 생각하지만 모든 것에는 단계가 있고 그 단계를 차근차근 체계적으로 밟아 나아 갔을 때 최대의 효과를 거둘 수 있다. 한국인 프리토킹 강사들도 실력이 대단하다. 그렇기 때문에 프리토킹 초중급자들은 반드시 한국인과의 프리토킹 수업을 추천하고, 고급자가 되었다면 그때부터는 일본인과의 수업을 하면 좋을 것이다.

일본어를 듣고 한국어로 해석하려는 나쁜 버릇을 버려야 한다

많은 사람들이 일본인과 대화를 할 때 일본인이 한 말을 한국어로 해석한 다음 그에 대한 대답을 한다. 그것은 아주 좋지 않은 버릇이다. 일본어를 듣고 한국어로 해석하는 버릇을 가지면 일본인과의 대화에서 원활한 대화가 불가능해진다. 한국어로 해석하는 시간이 있기 때문에 그 시간에 일본인은 계속 기다릴 수밖에 없다. 자연히 대화는 지연되고 만다. 결국 원활한 의사소통을 기대하기는 힘들다. 일본인끼리 대화를 할 때 한 일본인이 한 말을 다른 일본인이 한국어로 해석하는가? 반대로 한국인끼리의 대화에서 한 한국인이 한 말을 다른 한국인이 일본어로 해석하는가? 당연히 아니다. 그 자체로 받아들이는 것이다. 일본어를 그 자체로 받아들여야 한다. 〈私は学生です。〉는 〈나는 학생입니다.〉가 아니라 그냥 〈私は学生です。〉일 뿐이다.

일본어를 공부할 때만큼은 생각 사고 구조를 완전히 일본인으로 바꿔야 한다. 생각도 일본어로 하고 혼잣말도 일본어로 해야 한다. 그렇게 해서 한국어로 해석하려는 버릇을 없애야 한다. 글을 읽을 때도 마찬가지이다. 일본어를 읽고 그것을 한국어로 해석하려 하지 말고 그 자체로 받아들여야 할 것이다. 그래야만 좀 더 속도감 있는 해석이 이루어지고 그것이 원활한 프리토킹으로 연결될 수 있다. 일본어로 생각하고 일본어를 그 자체로 느껴라.

실전 회화가 가능해지면 무조건 주변의 모든 것을 일본으로 바꿔라

　어느 정도 실전 회화가 가능해지면 자기 주변의 모든 것을 일본으로 바꿔라. 물론 일본을 특별히 좋아하진 않지만 일을 위해 어쩔 수 없이 일본어를 배운다면 모르겠지만, 일본어를 공부하는 대부분의 사람들은 일본을 많이 좋아한다. 그런 사람들이라면 꼭 그렇게 하기 바란다. 일단 주변의 친구를 일본 친구로 바꾸어라. 일본 친구를 사귈 수 있는 길은 아주 많다. 홍대에 있는 클럽에 가서도 찾아 봐라. 아니면 대학교에도 교환학생으로 와 있는 일본인을 꽤 발견할 수 있다. 같은 학교 같은 과가 아니라도 좋다. 물불 가릴 때가 아니다. 무조건 접근해서 친절하게 말을 걸어라. "나는 한국인인데 일본을 너무 좋아해서 일본인과 친구를 하고 싶은데 마침 당신이 있어서 이렇게 용기를 내어 말을 걸었습니다."라고 말이다. 사람에 따라서는 친절하게 대할 수도 있고 관심 없어 할 수도 있겠지만 그건 따질 것이 못 된다. 할 수 있는 데까지는 최선을 다해서 친구를 만들어 보는 것이다.

　호텔 쪽으로 가서 한국에 잠깐 관광 온 일본 관광객에게 접근하는 것도 괜찮지만, 단체 관광으로 온 경우에는 개별 행동이 좀 자제되어 있기 때문에 오래 만나기는 힘들 것이다. 아니면 명동이나 창경궁 같은 관광지도 괜찮다. 어느 정도 일본어를 공부한 사람이라면 잘 보면 한국인인지 중국인인지 일본인인지 금방 알 수 있을 것이다. 한 2명 정도로 온 일본인이 있다면 자연스럽게 접근해 말을 걸어보는 것도 괜찮다. 퇴짜를 당할 수도 있기 때문에 처음부터 너무 기대해서는 안 된다. 퇴짜당할 걸 미리 염두에 두고 마음의 준비를 하고 말을 걸어라. "나는 한국인인데 일본에 너무 관심이 많은데 때마침 이렇게 일본인을 보니 너무 반가워서 대화라도 좀 할 수 있을까 해서 말을 걸었습니다."라고 말이다. 그렇게 이야기하면 웬만하면 심하게 거절을 하지는 않는다.

그렇지만 같이 동행을 하기는 쉽지 않다. 왜냐하면 외국인에 대한 막연한 경계심은 어느 나라 사람에게나 있기 때문이다. 그래서 말을 잘해야 한다. 아니면 굉장히 유머 감각 있게 언어를 잘 구사한다면 동행을 승낙 받을 수도 있다. 자신의 확실한 신분을 밝히고 동행의 목적이 일본과 일본인에 대해 알고 싶고 일본어 회화 공부 목적도 있으면서 무료 가이드를 해드리고 싶다고 제안하는 것이다. 처음부터 동행을 제안하는 것은 별로 좋지 않다. 대화를 충분히 나눈 다음에 동행을 제안하는 것이 좋다. 그렇지만 의외로 충분한 대화를 나누지 않았지만 동행을 흔쾌히 승낙하는 일본인도 있다. 일본 사람도 화끈한 사람이 아주 많다.

물론 회화 학원에 다니는 것도 괜찮다. 하지만 대개 1대1 회화가 아니기 때문에 혼자서 계속 선생님과 대화하기에는 눈치가 많이 보이고 결국 많은 대화를 해 봤자 20분 정도밖에 안 된다. 결국 하루에 고작 20분 일본어 해가지고는 별로 큰 효과를 거두지 못한다. 어떤 사람은 한국 사람끼리 일본어를 대화하면 되지 않느냐고 말하는데, 이것은 초중급 정도의 회화 실력을 가진 사람끼리라면 괜찮겠지만 고급 수준의 회화 실력이라면 좀 더 속도감 있는 대화를 위해서 원어민과의 대화를 추천한다.

　　그렇지만 제일 좋은 방법은 한국에서 상주하고 있는 일본인 친구를 찾는 것이다. 한 명만 찾아도 괜찮다. 한 명을 찾으면 그 친구들 몇 명도 한국에 있는 경우가 많기 때문이다. 결국 내 주변의 모든 친구를 일본인으로 바꿔라. 한국인 친구에게는 조금 미안하겠지만 만나는 시간을 줄여라. 애인이 한국인이라면 애인을 일본인으로 바꾸라는 말은 차마 못하겠지만 말이다. 하지만 애인이 없다면 반드시 애인을 일본인으로 만들어 보라고 추천하고 싶다. 애인이 일본인인 경우에는 일본어 실력이 엄청나게 빨리 진보한다. 참고로 필자는 일본 여자 친구가 있었는데 하루에 4시간 동안 대화를 나누었다. 못 만날 때는 전화로 4시간 대화하고 만날 때는 만나서 4시간 대화하고 그렇게 몇 달이 지나자 일본어 실력이 엄청나게 늘었다. 사실 필자의 일본어 회화 실력에 혁명과 같은 진보가 이루어진 것은 전적으로 그녀 덕분이다.

또한 한일 펜팔 사이트에서 찾아보는 것도 아주 괜찮다. 한국에 관심 있는 일본인 리스트가 꽤 있을 것이다. 그러면 지역과 나이, 성별을 선택하여 자신이 원하는 친구를 찾을 수 있다. 지역, 나이, 성별을 적는 난에 각각 기입하여 찾기 키를 누르면 리스트가 쭉 나올 것이다. 그러면 그 사람들에게 자신이 하고 싶은 말을 써서 복사해서 전부 보내라. 그러면 답장이 올 것이고 결국 만남을 가지는 것이다. 중요한 것은 너무 성급하면 안 된다. 온라인상에서 만나 오프라인상으로의 만남을 가지기까지는 시간이 어느 정도 걸리기 때문에 인내심을 갖고 차근차근 대화를 하면서 만남을 가진다. 그러고는 친구가 되는 것이다. 친구를 만들 수 있는 길은 무한하다.

회화 학원에서의 수업만으로는 부족하다. 그래서 어느 정도 상당한 회화 실력의 수준이 되면 이제 책상에서 일어나 실전에 뛰어들어야 한다. 마냥 책상에서 평생을 보낼 수야 있겠는가? 일본인 친구와 목욕탕도 가고 여행도 가고 술도 마시고 밥도 먹고 그냥 일본인과 모든 것을 즐겨라. 놀면서 공부하는 것이다. 그러면 한국에 있지만 한국이 일본이 되는 것이다. 그러면서도 앞에서 언급했지만 순간순간 떠오르는 질문이 있으면 무조건 물어봐라. 또한 일본인은 외국인이 잘못된 문법, 잘못된 단어 사용으로 부자연스러운 일본어를 구사해도 그것에 대해 잘 지적해 주지 않는다. 왜냐하면 괜히 이야기했다가 상대방의 자존심을 상하게 하지 않을까 염려해서이다. 그래서 일본인에게 몇 번이고 이야기해야 한다. 자신이 혹시 문법이 틀렸거나 표현이 잘못되었다면 반드시 고쳐달라고 말이다. 2~3일에 한 번씩은 꼭 이야기해 주어야 일본인은 잘못된 표현을 지적해 준다. 일본인은 잘못된 부분에 대해 상대방이 고쳐 달라고 하지도 않았는데 먼저 고쳐 주는 건 오히려 실례가 된다고 생각한다. 따라서 반드시 잘못된 부분에 대해 고쳐달라고 먼저 부탁해야 한다.

　최대한 생각도 일본어로 하고, 혼자서도 일본어로 하고 싶은 말을 해봐야 한다. 그러다 보면 말이 막히고 그러면 다시 수첩을 꺼내 이해가 안 되는 부분을 적어 놓고 일본인 친구를 만나면 반드시 물어봐야 한다. 집에서도 일본 방송만 봐야 한다. 도저히 한국 방송이 그립다면 한 번씩은 볼 수도 있겠지만 독한 마음먹고 일본어 달인의 길을 가야 한다.

26 교재를 살 때는 반드시 듣기 CD가 포함되어 있는 것을 사라

한국 서점에 있는 대부분의 일본어 교재들은 한국 사람이 만든 경우가 많다. 그런데 그런 교재들 안에 있는 예문들은 문법적으로는 거의 문제가 없지만, 한국인이 만들다 보니 표현적인 부분에서 문제가 있는 경우가 많다. 다시 말해 정작 일본인들은 잘 쓰지 않는 표현들이거나 뭔가 상황에 맞지 않는 표현들이 많이 있다는 것이다. 그렇기 때문에 그런 교재에 있는 예문을 무작정 외운다면 나중에 일본인과의 대화에서 상황에 맞지 않는 이상한 일본어를 말하게 될 수 있다.

그렇지만 듣기 CD가 포함되어 있는 교재의 예문은 표현적인 부분에서 믿을 만하다. 왜냐하면 듣기 CD가 포함되어 있다는 것은 그 교재에 있는 예문을 일본인이 전부 발음했다는 것을 의미하고, 그것은 그 교재의 예문들이 일본인도 자연스럽게 사용하는 표현이라는 것을 의미하기 때문이다.

일본에서 팔방미인이라는 말은 좋지 않은 표현이다

한국어에는 〈팔방미인〉이라는 말이 있다. 〈어느 쪽에서 봐도 결점이 없는 아름다운 여성〉이라는 뜻이다. 또한 뭐든지 잘 하는 여성을 표현할 때 쓰이는 칭찬의 말이다. 그런데 일본어에도 팔방미인〈八方美人〉이라는 똑같은 말이 있다. 하지만 뜻은 전혀 다르다. 일본에서는 누구에게나 웃는 모습으로 대하면서 자신은 좋은 사람이라는 것을 보이려고 하는 가식적인 여자를 팔방미인이라고 한다.

예문을 들어보면 다음과 같다. 誰彼かまわず良い顔ばかりしているとそのうち八方美人としか思われなくなります。 뜻은 "이 사람 저 사람 가리지 않고, 좋은 얼굴만 하고 있으면 머지않아 팔방미인으로밖에 생각할 수 없게 됩니다."이다. 그러면 한국에서 쓰이는 팔방미인을 표현할 만한 일본어 표현은 어떻게 될까? 그럴 때는 팔방미인이라는 단어는 쓰지 않고, 그와 비슷하게 "彼女は何でもうまくできる人です。" "그녀는 뭐든지 잘 합니다."라는 표현을 쓰면 될 것이다.

그래서 그런 단어의 정확한 쓰임새를 알지 못하고 무작정 써 버리면 큰 실수를 할 수도 있다. 그래서 단어의 한자가 같다고 무작정 써서는 안 되고 미리 일본인에게 이 단어의 정확한 쓰임새에 대해 물어 봐야 한다.

한국어에 있는 표현 그대로를 일본어로 표현하지 마라

필자가 한국인과의 회화 수업을 할 때 이런 질문을 받곤 한다. "저는 이 말을 그대로 일본어로 표현하고 싶은데 어떻게 하면 될까요?" 하지만 그 한국말을 그대로 일본어로 표현하면 이상한 일본어가 되는 경우가 많다.

예를 들어 한 일본 여자가 있는데 평소에는 전혀 애교가 없었는데, 하루는 갑자기 애교를 부리며 귀여운 척을 할 때 한국인은 대부분 "원래 하던 대로 해라."라고 얘기를 한다(물론 아닌 경우도 있겠지만). 그리고 〈원래 하던 대로 해라〉라는 말을 그대로 일본어로 하면 〈元々したどおりにしろ。〉가 된다. 하지만 이런 표현은 일본어에는 없다. 다시 말해 일본인에게 이 말을 하면 무슨 뜻인지 다시 물어본다. 그래서 그 말의 뜻을 이야기하면 일본인은 "그런 표현은 안 써요. 일본인은 〈普通にしろ。〉라고 해요."라고 말할 것이다. 〈원래 하던 대로 해라。〉의 일본식 표현은 〈普通にしろ。〉라는 것이다. 〈普通にしろ。〉를 직역하게 되면 〈보통으로 해라。〉라는 뜻이 된다. 마치 자장면 집에서 보통으로 주문하는 느낌이 들지만, 이 말이 일본에서는

〈원래하던 대로 해라〉라는 뜻이 된다.

예를 하나 더 들어 보겠다. 한국 사람이 한 일본인 친구에게 전화로 "오늘 얼굴 한번 보자."라는 말을 하려고 할 때 이 말을 그대로 일본어로 하면 〈今日顔 一 回見ようよ。〉가 된다. 하지만 이런 말을 들은 일본인은 이런 생각을 할 것이다. "왜 내 얼굴을 한 번 보려고 하지?" 한국에서는 만나자는 의미로 〈보다〉라는 표현을 쓰지만 일본에서는 그렇게 쓰지 않기 때문이다. 〈오늘 얼굴 한번 보자〉의 일본식 표현은 〈今日ちょっと会おうよ。〉이다.

마지막으로 예를 더 들어 보겠다. 〈좀처럼 결심이 서질 않는다.〉라는 한국말을 그대로 일본어로 하면 〈なかなか決心が立たない。〉이 된다. 하지만 역시 이 표현은 틀렸다. 올바른 일본어 표현은 〈なかなか決心が付かない。〉이다.

언어는 각 나라의 문화를 바탕으로 형성되는 것이기 때문에 표현 방식은 당연히 다를 수밖에 없다. 그런데 그것을 억지로 한국식 표현으로 끼워 맞추려고 하면 이상한 일본어가 되는 것이다. 결국 이런 올바른 일본어 표현을 많이 알기 위해서는 더 많은 문장을 외우고 더 많이 일본인과 대화하는 수밖에 없다.

한국어에 있는 표현이
일본어에는 없는 것도 많다

필자는 한국인 학생과 수업을 하면서 이런 질문을 자주 듣는다. "일본어에는 이러이러한 표현이 없습니까?" 필자는 이런 질문을 받을 때마다 이렇게 말한다. "완전히 똑같은 표현은 없지만 비슷한 표현은 있습니다."

예를 들어 〈나는 너만 보면 미칠 것 같다.〉라는 한국어 표현이 있다. 분위기 있는 장소에서 남녀가 술을 한잔하면서 서로 무르익은 상태가 되면 남자가 여자의 마음을 사로잡기 위해 이런 식의 강한 표현을 하는 경우가 가끔 있다. 이 표현을 그대로 일본어로 하면 〈僕は君だけ見ると狂いそうだ。〉가 되는데 이건 이상한 일본어 표현이다. 상대방에게 이런 말을 하면 상대방은 왜 자신을 보면 미칠 것 같은지 이유를 물어볼 것이다. 결국 이런 표현이 일본어에는 없다. 다만 이 표현과 가장 가까운 표현은 〈僕は君のことが大好きでたまらないよ。(나는 너를 너무나도 좋아해서 참을 수가 없다.)〉이다.

다른 예를 들면 〈김 씨는 근면한 사람으로 소문이 나 있다.〉라는 표현을 하고 싶을 때 이 말을 그대로 일본어로 해 버리면 〈キムさん

는 真面目(まじめ)な 人だと 噂(うわさ)が 立(た)っています。〉가 되고, 이 문장 역시 이상한 일본어가 된다. 〈噂が 立つ(소문이 나다)〉라는 표현은 일본에서는 나쁠 때 쓰는 표현인데 근면한 사람이라는 것은 좋은 것이기 때문에 〈噂が 立つ(소문이 나다)〉라는 표현을 쓰는 것은 맞지 않다. 그래서 이럴 때는 〈キムさんは 真面目(まじめ)な 人だと 言(い)われています。(김 씨는 근면한 사람이라고 합니다.)〉가 자연스러운 표현이다.

마지막으로 하나의 예를 더 들면 〈그 사람과는 이것으로 인연이 다하였기 때문에 자연스럽게 헤어졌습니다.〉라는 말을 하고 싶을 때 이 말을 일본어로 그대로 표현하면 〈あの 人とはこれで 縁(えん)が 終(お)わったから 自然(しぜん)に 別(わか)れるようになりました。〉가 되지만, 여기서〈終(お)わったから〉라는 표현은 맞지 않다. 그래서 맞는 표현으로 고치면 〈あの 人とはこれで 縁(えん)が 切(き)れたから 自然(しぜん)に 別(わか)れるようになりました。(그 사람과는 이것으로 인연이 끝났기 때문에 자연스럽게 헤어졌습니다.)〉가 된다.

한국의 정감 있는 여러 가지 표현을 일본어로 구사하고 싶은 마음은 필자도 굴뚝같지만 유감스럽게도 그런 표현이 일본어에는 많지 않다. 그렇다고 한국식 표현으로 억지로 말을 만들면 뜻을 정확히 전달할 수 없기 때문에 참아야 할 것이다.

특별히 외국어를 잘하는
사람은 절대로 없다

예전에 신문에서 어학 실력이 뛰어난 사람은 뇌의 구조가 일반 사람과 다르다는 기사를 본 적이 있다. 그 말은 외국어를 특히 잘 할 수 있는 사람이 따로 있다는 해석이었다. 하지만 필자는 개인적으로 그 연구 결과를 부정한다. 왜냐하면 외국어는 누구나 열심히 하면 충분히 원어민과 같은 프리토킹이 가능해진다고 생각하기 때문이다. 참고로 필자는 원래 수학을 잘하는 편이었고 외국어는 잘하지 못했다. 하지만 어떤 계기가 되어서 일본어를 깊이 공부하게 되었고 지금은 현지인과도 아무런 문제없이 대화가 가능하게 되었다.

필자는 이렇게 생각한다. 외국어를 잘하는 사람은 두뇌가 발달한 사람이 아니라 끈기와 인내력이 있으면서 목표에 대한 확고한 의지가 있는 사람이라고 말이다. 언어를 1개 국어(모국어 포함)라도 할 수 있는 사람은 누구나 외국어에 소질이 있는 사람이다. 어차피 한국어도 외국인 입장에서는 외국어이다. 그 외국어를 여러분은 할 수 있지 않은가? 그렇다면 여러분도 외국어에 소질이 있는 사람임에 틀림없다. 그렇기 때문에 말 못하는 바보가 아닌 이상에는 누구나 할 수 있다. 그리고 설령 그 연구 결과가 사실이라 하더라도, 그리고 자신의 뇌가 외국어 습득 부분에서 발달한 뇌가 아니라고 하더라도 정말 외국어를 하고 싶다면 그런 연구 결과에 신경 쓰지 말고 열심히 하기 바란다.

외국어는 체계적인 공부 방식으로 꾸준히 하면 반드시 한만큼 결과가 나오는 분야이다. 그리고 필자도 그다지 명석한 두뇌의 소유자라고는 생각하지 않는다. 필자도 했다. 그러면 여러분도 충분히 할 수 있다. 절대 긍정의 힘을 가져라. 믿고 원하면 반드시 이루어진다.

일본 현지인의
대화 속도는 아주 빠르다

한국에 있는 일본인은 대부분 한국인과 대화를 할 경우 최대한 표준 단어, 표준 문법을 이용한 문장을 말하려고 한다. 왜냐하면 한국에 있는 대부분의 일본인은 한국인에게 관심이 있기 때문에 한국인에게 최대한 맞춰서 한국인이 이해하기 쉽게 이야기하려고 하기 때문이다. 그래서 웬만큼 한국에서 고급 회화 과정을 거치면 한국에 있는 일본인과 대화할 때 거의 90% 정도는 알아들을 수 있다.

하지만 일본 현지에 있는 일본인은 대화의 속도뿐만 아니라 쓰는 단어, 문법, 발음도 표준형이 아닌 경우가 아주 많다. 그래서 일본어를 꽤 한다고 하는 사람도 정작 현지 일본인과 대화를 하면 60% 정도밖에 알아 듣지 못하는 경우가 많다. 물론 현지 일본인 중에 한국인에게 관심이 있거나 남에 대한 배려심이 굉장히 많은 사람이라면 상대의 상황을 헤아려서 최대한 표준 일본어로 대화를 해주겠지만 그렇지 않은 사람일 경우는 자신의 말을 한국인이 완전히 알아 들을 것이라고 생각하면서 이야기하는 경우가 많다. 그런 경우 한국인은 상대 일본인이 대략 무슨 이야기를 하고 있는가 정도만을 알아 들을 수 있을 뿐이다. 하지만 표준 일본어가 아니라 하더라도 일본인끼리는 졸면서도 알아듣는다. 결국 한국인이 일본인에 대해 배려심을 기대해서는 발전이 없다. 그래서 한국인은 한국에서 할 수 있는 최대한의 일본어 공부를 끝내고 일본에 가는 것이 좋다. 그렇게 해도 60%밖에 안 들린다. 하지만 60%라도 들리면 일본어 달인이 될 가능성은 충분하다. 그 상태에서 일본에서 꾸준히 현지 일본인과 대화를 많이 하고 이해가 안 되면 바로바로 물어보면서 현지인과의 회화 경험을 쌓아 간다면 반드시 실력이 향상될 것이다.

외국어 프리토킹도 부익부 빈익빈이 있다. 고급 수준의 회화 가능자는 현지 일본인과 대화를 하면 할수록 그 실력이 기하급수적으로 성장한다. 하지만 초급 수준의 회화 가능자는 일본인과 아무리 대화를 많이 한다 하더라도 실력이 좀처럼 향상되지 않는다. 그 이유에 대해서는 앞에서 이미 몇 번 언급한 바 있다. 결국 일본 현지인과의 대화를 통해 현지 일본어를 최대한 효과적으로 익히기 위해서는 한국에서 최대한 할 수 있는 회화 공부는 전부 마스터하고 가야 하는 것이다. 그리고 일본에 가기 전에 한국에 있는 일본인과 대화할 경우 일본인에게 "저한테 맞춰서 이야기하지 마시고 그냥 편하게 일본 사람과 대화한다고 생각하고 이야기해 주세요."라고 해서 어느 정도 한국에서 현지 일본어를 익히는 것도 좋은 방법이다. 이런 방법의 회화를 하려고 한다면 최소한 표준 일본어를 90% 이상은 알아들을 수 있는 회화 실력이 갖춰지고 나서 해야 할 것이다.

32 일본어는 한국에서 공부해도 충분하다

필자는 일본에 6개월 정도 체류했었다. 그리고 일본에 가기 전에 한국에서 일본어를 어느 정도 끝내고 갔다. 어느 정도 끝내고 갔다는 말은 최소한 하고 싶은 모든 말을 90% 이상 막힘없이 자연스럽게 다 할 수 있는 상태가 되고, 또한 웬만한 이야기는 90% 이상 알아들을 수 있는 상태였다는 말이다.

그 정도의 실력을 만드는 동안은 한국에서 공부했다. 한국에서도 그 정도는 충분히 할 수 있다. 다시 말해 일본에 가기 전에 한국에서 할 수 있는 모든 일본어 공부를 끝내고 가라는 말이다. 문장을 외우는 것과 문법을 숙지하고 단어 한자를 공부하는 것 등은 모두 한국에서 할 수 있다. 그리고 한국에도 회화 학원이 많이 있다. 회화는 하루에 1시간 정도면 충분하다고 생각한다. 일본 사람이랑 무작정 회화만 많이 한다고 일본어 실력이 느는 것은 아니다. 물론 대화를 하면서 모르는 단어와 이해 안 되는 부분을 묻고 답하면서 실력을 쌓을 수도 있지만, 하루 종일 대화만 할 수 있는 것도 아니고 결국에는 자기 자신이 따로 문장을 외우고 단어를 외워야 하는 것이다.

문장을 외우고 단어를 익히는 것은 한국에서도 충분히 할 수 있다. 군이 한국에서 충분히 할 수 있는 것을 생돈을 들여서 일본에 가서 한다는 것 자체가 좀 아이러니하다. 물론 일본에서의 삶을 너무 동경해서 군이 가야겠다면 그건 어쩔 수 없겠지만, 일본어라는 외국어를 공부하기 위해서라면 군이 갈 필요는 전혀 없다.

주변에서 이런 말을 자주 한다. "일본에 가서 공부를 하는 것이 한국에서 공부하는 것보다 훨씬 더 효과적이지 않을까요? 일본에 가면 모든 것이 일본어이지 않습니까? 간판도 표지판도 일본어고 눈에 보이는 건 모두 일본어이지 않습니까? TV에도 일본어만 나오고 아르바이트를 하면 손님도 일본인일 것이고 모든 사람이 일본 사람이니까 자연히 일본어를 읽고 말하고 일본인과 대화할 수밖에 없으니까 자연스럽게 일본어가 늘지 않겠습니까?"

사람들은 이런 말을 들으면 귀가 솔깃해서 이렇게 말한다. "정말 나도 일본으로 그냥 가 버릴까? 돈이 좀 들긴 해도 아르바이트해서 돈 벌면 되니까 괜찮지 않을까?"

하지만 그것은 착각이라고 말해 주고 싶다. 모든 것이 일본이기 때문에 일본어를 쓸 수밖에 없을 것이라고 말하겠지만, 실제로 일본에서 외국인은 일본어를 거의 한마디도 안 해도 살아가는 데 아무런 문제가 없다. 일본어가 필요하다면 정말 중요한 몇 마디 정도만 알고 있어도 충분하다. 또한 일본어로 90% 이상 대화가 되지 않는 상태에서는 애초에 대화 상대자를 찾기는 아주 힘들다. 의사소통이 원활히 안 되는 상태에서 아무리 일본 사람이 많이 있다고 해 봤자 무슨 대화가 되겠는가?

많은 한국 사람들이 대부분 기본적인 의사소통이 가능한 상태이거나 좀 나은 경우라 하더라도 좀 머뭇거리면서 의사소통이 가능한 상태에서 일본으로 가는 경우가 많다. 그리고 일본에 가서 조금만 더하면 유창하게 일본어를 할 수 있을 것이라고 생각한다. 하지만 그 정도의 어설픈 일본어 실력으로는 일단 어느 누구도 대화 상대를 해주지 않는다. 왜냐하면 원활한 대화가 안 되기 때문에 대화가 계속 끊어지고 재미가 없기 때문이다. 설령 대화를 한다 하더라도 오래가지 못하고 다시 만나기가 힘들어진다.

입장을 바꿔서 생각해 봐라. 어느 외국인이 한국어를 많이 못하는 상태에서 대화를 원한다면 여러분은 대화를 해 주겠는가? 만약 여러분이 그 외국인에 대해 너무 관심이 많다면 대화가 제대로 진행이 안 된다 하더라도 어떻게든 손짓 발짓하면서 대화를 진행시키겠지만, 그 외국인에게 관심이 없다면 대화를 계속하기는 힘들 것이다.

아르바이트도 마찬가지이다. 아르바이트를 하면 손님이 일본 사람이니까 당연히 일본어를 사용하고 그러면 일본어 실력이 향상될 것이라고 생각할 수 있겠지만, 그것 역시 착각이다. 예를 들어 아르바이트로 식당에서 일을 한다고 하자. 식당에서는 쓰는 문장이 한정되어 있다. 〈いらっしゃいませ。(어서오십시오.)〉,〈お飲み物は何にしますか。(마실 것은 무엇으로 하시겠습니까?)〉 등등 아무리 많아 봤자

100개의 문장을 넘지 않는다. 언어의 문장은 수천만 개 이상이 되는데 고작 100개 정도의 문장을 외우기 위해 하루의 절반을 식당에서 보낸다는 것 자체가 완전한 시간 낭비이다. 그 정도의 문장은 한국에서 일주일만 열심히 외우면 누구나 유창하게 발음할 수 있는 것인데 그 문장을 굳이 일본에 가서 외울 이유가 없다.

일본 간판도 역시 일본어 실력이 고급 수준이 아니면 읽기가 어렵기 때문에 눈에 잘 안 들어온다. 또한 일본 방송은 한국에서도 충분히 많이 접할 수 있다. 결국 언어 자체를 배우기 위해서는 일본에 갈 필요가 없다.

한국에는 일본어 교재도 충분히 많고, 관련 자료도, 프리토킹 학원도 아주 많다. 굳이 일본에 갈 필요가 없다는 것이다. 일본 사람 역시 한국에 굉장히 많고 만날 수 있는 시스템이 아주 잘 되어 있다. 또한 한국에 있는 대부분의 일본 사람은 한국에 관심이 있기 때문에 회화 실력이 그렇게 유창하지 않아도 쉽게 대화에 응해 준다. 하지만 일본에 있는 일본 사람은 한국에 관심이 없는 사람도 굉장히 많다. 그런 사람들과는 유창한 일본어 실력이 아니면 쉽게 대화하기가 어렵다. 어차피 일본어 실력이 뛰어난 수준이 아니라면 일본에 가서도 책상에 앉아서 단어를 외우고 문장을 외워야 할 것인데, 책상은 한국에도 많이 있는데 굳이 일본에 가서 책상에 앉아 공부해야 할 이유가 없다.

그리고 자신이 어느 정도 회화 실력이 향상되면 한국에서도 충분히 일본인 친구를 사귈 수 있다. 그래서 한국인 친구 대신에 일본인 친구를 만나면 되는 것이다. 참고로 필자는 한때 한국에 있으면서도 주변에 일본인 친구밖에 없어서 몇 년 동안 거의 일본어만을 사용한 적도 있었다. 매일 일본인 친구와 통화하고 같이 공부하고 집으로 초대도 하고 대화하고 놀았다. 모든 친구를 일본인으로 바꾸면 한국이 일본이 된다. 주변의 모든 것을 일본으로 바꾸면 되는 것이다.

현재 우리나라는 일본어를 공부하는 데 너무 좋은 환경이다. 단지 일본어만을 배우기 위해 그렇게 많은 돈(대략 6개월에 1,000만 원 정도)을 들여서 일본에 가는 것 자체가 돈 낭비, 시간 낭비인 것이다. 물론 일본어만이 아니라 일본을 배우려고 한다면 가 봐도 괜찮다고 생각하지만, 일본어만을 배우기 위해 간다면 말리고 싶다.

일본에 가면 공부할 수 있는 시간적 여유가 없다. 아르바이트 때문이다. 경제적으로 여유가 있지 않다면 일을 해야 할 것이다. 대부분 어학연수를 하면 하루 4시간 정도의 수업을 하는데, 아르바이트를 하면 그 수업에 대한 복습을 할 만한 시간적 여유가 없다. 대부분 어학연수를 가면 오전반 오후반이 있는데 좀 착실한 사람이 오전반을 하는 경우가 많다. 그러면 보통 수업은 오후 1시쯤에 마친다. 그러면 대개 수업이 끝나고 바로 아르바이트를 하러 간다. 2시부터 대개 6시간 정도 일을 한다. 그러면 8시에 끝나고 집에 가서 씻고 공부 준비하면 9시라고 해도 일이 고되기 때문에 2~3시간 정도밖에 공부할 시간이 없다. 하루에 그 정도 공부해서는 일본어를 마스터하는 데 시간이 아주 오래 걸린다. 결국 일본에 있다 하더라도 일본인과 대화할 시간은 학교, 아르바이트 장소밖에 없다. 그러면 아무리 일본에 있다 하더라도 한국에서의 환경과 크게 다르지 않다. 오히려 한국에서는 웬만하면 자기가 마음만 먹으면 하루에 10시간 이상도 공부할 수 있다.

물론 시간이 중요한 것은 아니다. 하지만 똑같이 집념이 있는 사람이 있다면 일하면서 피곤에 지쳐 3시간 공부하는 것보다는 일 안 하면서 오직 공부에만 10시간 전념하는 사람이 훨씬 효과적이지 않을까 한다. 참고로 필자는 하루에 13시간씩을 공부했다. 4시간은 듣기를 하면서 들은 내용을 입으로 수없이 말하면서 문장 외우기, 4시간은 문법에 있는 문장 외우기, 2시간은 한자 공부, 3시간은 단어와 숙어 외우기, 이렇게 13시간을 공부했다. 그래도 시간이 부족했다.

33 한국에서도 충분히 일본어의 달인이 될 수 있다

필자는 한국에서 일본어 공부를 열심히 하면서 어느 정도 회화 실력이 올라간 뒤로부터는 실전 회화를 위해 한국에 있는 일본인을 만나기 시작했다. 한일 펜팔로 만나기도 해 보고, 길을 가다 만난 일본 사람에게도 말을 걸어 보고, 같은 학교에 있는 일본 유학생에게도 말을 걸어 보았다. 그리고 한국에 있는 일본 사람은 굉장히 친절하다는 것도 알았다. 필자가 한국 사람이라고만 해도 아주 반가워하면서 필자가 하는 말에 귀를 기울이면서 친절하게 대답해 주었다.

하지만 필자가 나중에 확실한 일본어 실력을 갖추고 일본에 가서 길을 가다 만난 일본 사람에게 필자가 한국인이라고 말했을 때 많은 사람들의 반응은 '그래서? 당신이 한국인인데 뭘?' 하는 식의 반응이었다. 물론 전부는 아니었지만 필자에게는 굉장히 충격적이었다. 처음에 필자는 '한국에 있는 일본 사람은 하나같이 나에게 친절하게 지극한 관심을 보여 주었는데 왜 일본에 있는 일본 사람들은 이렇게나 차가울까?' 하고 생각했는데, 몇 년이 지나고 나서야 그 이유를 알았다. 이유는 입장을 바꿔서 생각해 보면 간단하다.

예를 들어 여러분이 중국 사람에게 관심이 없다고 하자. 그러면 중국 사람이 당신에게 다가와 유창한 한국어로 자기가 중국 사람이라고 하면 여러분은 어떻게 반응하겠는가? 여러분도 똑같이 입으로 말하진 않지만 '그래서? 당신이 중국인인데 뭘?' 하고 생각할 것이다. 그렇다. 한국에 있는 일본 사람은 대부분 한국에 관심이 있어서 한국에 온 것이기 때문에 금방 친해져서 자연스러운 프리토킹이 가능해진다. 또한 한국에 있는 일본 사람은 한국인에게 관심이 있기 때문에 유창한 일본어가 아니더라도 어느 정도 이해해 준다.

하지만 일본 현지에 있는 일본 사람은 몇몇을 제외하고 대부분은 한국에 관심이 없다. 요즘 한류 스타들이 일본에서 활약을 하면서 한국에 관심을 가지게 된 일본 사람이 늘어 난 것은 사실이지만 일본인 전체 비율로 따지면 5% 이상도 안 된다. 그렇기 때문에 나머지 95%의 일본인은 그다지 한국에 깊은 관심이 없다. 오히려 유럽이나 미국 쪽에 관심이 있는 경우가 많다. 그래서 말을 걸기도 한국에 있는 일본 사람보다 어렵고 무시를 당하는 경우도 있다.

유창한 일본어 실력의 소유자라 하더라도 2분 이상 대화하기는 힘들다. 여러분도 관심 없는 사람과 오래 대화하는 것을 원하지 않을 것이다. 일본 사람도 마찬가지이다. 이런 이유 때문에 많은 한국 사람이 처음 일본에 가서 실망을 하게 된다.

필자가 여기서 말하려는 것은 여행이라든가 일본 문화를 느끼기 위해 일본에 간다면 그것은 아무런 문제가 안 되겠지만, 단지 외국어 습득만을 위해 일본에 간다는 것은 어리석은 일이다. 왜냐하면 일본어 습득을 위해 필요한 모든 것이 한국에 충분히 다 있기 때문이다. 일본어 교재, 일본어 학원, 일본인 등등 필요한 것은 한국에 다 있다. 그리고 한국에 있는 일본 사람은 한국에 관심이 있기 때문에 금방 친해질 수 있는데 굳이 일본에 가서 힘들게 사귈 필요가 없다는 말이다.

물론 일본에 어학연수를 가서 배워도 충분히 좋은 환경일 것이다. 단, 일본에 어학연수를 가서 최대의 효과를 보려면 일을 하지 말아야 한다. 하루 수업이 4시간이기 때문에 진도를 따라가려면 최소 하루 6시간 정도는 공부를 해 줘야 하는데, 일을 하게 되면 하루 5시간 정도 공부하기는 아주 힘들게 된다. 그리고 설령 일을 안 한다 하더라도 어차피 일본어 학교의 수업이 끝나면 복습을 해야 할 것이고 6시간은 책상에 앉아서 혼자서 공부를 해야 한다. 결국 일본에 있다고는 하지만 일본인을 만날 시간도 없다. 설령 만난다 하더라도 대화의 실력이 안 되기 때문에 대화가 오래 지속될 수도 없다. 또한 일본어 학교 수업의 질도 한국의 일본어 수업의 질과 크게 차이가 없다. 그렇다면 굳이 일본에 가서 일본어를 배워야 할 이유가 없다고 생각한다.

보통 사람들이 독해, 작문과 같은 것은 공부하는 방법을 알고 있지만, 말하기와 듣기에 대한 체계적인 공부 방식을 잘 모르기 때문에 어학연수를 가면 뭔가 답이 나오지 않을까 해서 가는 경우가 많다. 하지만 체계적인 일본어 프리토킹 공부 방식을 알게 된다면, 그래서 그 방식대로 공부를 해 나간다면 굳이 일본에 가지 않고 한국에서도 충분히 실력을 향상시킬 수 있다. 필자 주변에는 미국에 한 번도 가본 적이 없는데도 영어를 아주 잘하는 친구가 있다. 그 친구는 두뇌가 특별히 명석해서가 아니라 프리토킹 공부 방법을 알았고 그 방법대로 실천했기 때문이다. 다시 말하지만 한국에서 충분히 외국어의 달인이 될 수 있다.

34 일본어 실력에 따라 일본에서의 삶이 천지 차이가 난다

일본에 가려고 한다면 반드시 한국에서 일본어를 어느 정도 끝내고 가야 한다. 여기서 일본어를 어느 정도 끝낸다는 것은 앞에도 언급했듯이 최소한 자신이 하고 싶은 모든 말을 일본어로 할 수 있고 90% 정도는 알아들을 수 있고 말을 할 때 머뭇거리지 않는 상태를 말한다. 그 상태에서 일본에 갔을 때의 삶과 그렇지 못한 상태에서 일본에 갔을 때의 삶은 극과 극의 차이가 나타나게 된다. 그러면 일본어 실력이 유창한 상태에서 일본에 가면 어떤 이점이 있는지 설명하겠다.

첫째, 일본어 실력이 유창하면 현지 일본인과의 인맥을 넓혀 나가는 데 굉장히 유리하다. 만약 여러분이 일본에 가게 된다면 일본에 가기 1개월 전에 한일 펜팔 사이트에서 친구를 찾아라. 사이트에서 갈 지역(예: 도쿄)을 정하고 연령대(예: 20~30살)를 정하고 성별(예: 남, 여)을 정해라. 그리고 찾기 버튼을 누르면 원하는 사람의 리스트가 나올 것이다. 그러면 그 모든 사람들에게 여러분의 소개 메일을 보내면서 1개월 후에 일본에 간다고 이야기해라. 몇 몇 답장이 올 것이다. 그러면 또 답장을 주고받고 하면서 일본에 가기 전까지 계속 유대 관계를 유지해라. 1개월 후 여러분이 일본에 갈 때 그 친구들이 공항까지 마중 나올 수도 있다. 너무 많은 친구를 만들어 놓으면 감당이 안 될 수도 있기 때문에 5명 정도가 적당하다. 그중 몇 명은 이성 친구로 해도 좋을 것 같다.

중요한 것은 이런 일이 가능해지려면 일본어를 어느 정도 잘 해야만 한다. 물론 일본어를 잘 못해도 친구를 사귈 수는 있다. 하지만 오래 가지 못한다. 왜냐하면 대화가 아주 한정적으로만 가능하기 때문이다. 몇 번 만나면 할 이야기를 서로 다했기 때문에 더 이상 할 이야기가 없어진다. 멀뚱멀뚱 얼굴만 보고 있을 수도 없는 것이다. 결국 서로에게 미안해서 만남은 대개 1개월을 넘기지 못한다.

다시 일본어가 잘 되는 사람인 경우로 돌아가자. 친구가 5명이나 있기 때문에 시간 날 때마다 한 명씩 돌아가면서 만나면 된다. 그러다 잘 되면 한 명과 이성교제를 할 수도 있다. 일본인과 이성교제를 하면 무엇이 좋을까? 필자는 참고로 일본에서 미모의 연상녀와 교제를 하였다. 물론 그녀도 한일 펜팔 사이트에서 만나서 교제를 하게 되었다. 우리는 서로 만나자마자 첫눈에 반해서 바로 사귀게 되었다. 그녀는 밤마다 필자에게 전화를 걸어 주었다. 밤마다 4시간 동안 통화를 했다. 매일 매일 엄청난 이야기를 했다. 오늘은 무슨 이야기를 해야 하나 걱정하면서도 막상 전화가 걸려오면 나도 모르게 일본어가 술술 나오면서 그녀와 즐거운 시간을 보냈다. 1~2개월이 지나면서 필자의 전화 일본어 실력은 상당한 수준으로 진보하였다. 오로지 그녀 덕분이었다. 필자는 그녀에게 너무 고마워서 만날 때 마다 맛있는 걸 많이 사주었다. 물론 필자가 그녀와 이성교제를 한 것이 단지 일본어 실력을 높이기 위한 목적만은 아니었다. 정말 아꼈고 사랑했었다. 물론 나중에 어떤 원인에 의해 헤어지긴 했지만 말이다. 필자가 하고 싶은 말은 이런 이성교제도 일본어 실력이 유창해야만 가능하다는 것이다.

일본어가 안 되면 애인은커녕 일본 친구도 사귀기 어렵다. 한국에 일본 관광객이 많이 찾아오고, 또 요즘 한류열풍이 불고 있고 한국인이 일본에서 인기를 누리고 있다고 해서 모든 일본인이 한국에 관심이 있다는 착각은 금물이다. 정작 일본에 살고 있는 일본 사람들 중 100명에 1명 정도 한국에 관심이 있을까 말까 한다.

또한 한일 펜팔 사이트에서 만났다 하더라도 일본어를 못하면 결국 교제가 한 달 이상 지속되기는 어렵다. 필자 주변에도 일본 여자와 이성교제를 했지만 의사소통이 원활히 되질 않아 결국 한 달 후에 헤어지고만 경우도 많다.

여러분이 일본어를 못하는 상태에서 일본에 간다면 무인도에 간 로빈슨 크루소가 될 것이다. 누구도 여러분과 대화해 주지 않을 것이다. 대화해 준다 하더라도 결국 오래지 않아 멀어지게 된다. 중요한 것은 대화해 준다 하더라도 자기 자신 또한 할 말이 없기 때문에 대화가 지속이 안 된다.

신주쿠 한복판에 모두 삼삼오오 모여 있는데 자기 혼자 홀로 외로이 서 있게 되는 수가 있다. 한국 친구도 만나기 어렵다. 왜냐하면 다들 아르바이트를 하기 때문이다. 심지어 친구마다 아르바이트를 쉬는 날도 다 다르기 때문에 결국 아무도 못 만나는 외톨이 신세가 되기 쉽다. 이 얼마나 비참한가. 필자가 결코 극단적인 발언을 한 것이 아니다. 실제로 필자가 일본에 있을 때 이런 사람들을 많이 보았다.

둘째, 일본어를 잘 하면 워킹 비자로 가서 거기서 5명의 친구를 인맥으로 괜찮은 직장에 소개를 받을 수도 있다. 그래서 잘 되는 경우에는 워킹 비자에서 취업 비자로 바꿀 수도 있다. 만약 그 회사에서 나를 정직원으로 고용하고 싶다면 취업 비자로 바꿀 수가 있는 것이다. 그렇지만 일본어를 할 수 없다면 결국 한국 불고기 식당에서 고생고생하면서 친구도 없이 살아야 한다. 중요한 것은 인맥이 있어서 괜찮은 직장을 소개 받았다 하더라도 자신의 일본어 실력이 부족하다면 인맥도 소용없는 것이다.

일본에서 일본어를 못하면 삶 자체가 고달프다. 결국 일이 끝나면 집에 와서 책상에 앉아 다시 일본어 문장을 외우고 단어를 외워야 한다. 책상은 한국에도 많은데 군이 일본에 가서 외톨이가 되어서 책상에 앉아서 단어와 문법 공부 문장 외우기를 할 필요가 없다. 결국 일본어를 잘하고 못하고에 따라 일본에서 극과 극의 삶을 살게 된다. 일본어를 못하는데 일본에 너무 가고 싶다면 마음을 가라앉히고 그 상태로 일본에 가면 어떤 삶을 살지 냉철하게 판단하기 바란다. 부디 일본어 실력을 최대한 향상시킨 다음에 일본에 갈 것을 당부한다.

무작정 가보자 하고 가는 사람이 아주 많다. 일단은 그냥 너무 가보고 싶기 때문에 자신의 감정을 주체하지 못하고 간다. 처음에는 좋다. 1개월 정도는 말을 못해도 친구가 없어도 그냥 일본에 있는 것만으로 좋다. 그러나 2개월째가 되면 그 환상은 점점 사라지면서 말 못하는 벙어리인 자신을 발견한다. 하지만 이미 늦었다. 그때부터 점점 외로움을 느끼면서 3개월째 가면 향수병을 극도로 느끼게 된다. 물론 일본어를 잘 해서 즐거운 삶을 살아도 향수병을 느끼지만 중요한 것은 일본어를 잘하면 일본에서의 생활이 가면 갈수록 재미있어지기 때문에 향수병을 그냥 웃으면서 넘길 수가 있지만 일본어를 못하면 주체하지 못하는 외로움에 정신적으로도 문제가 생길 수가 있다. 부디 당부한다. 한국에서 일본어를 끝내고 만반의 준비를 하고 일본에 가기 바란다.

35 무작정 일본에 가 보자? 그건 1980년대 발상!

예전에 이런 말을 하는 사람들이 있었다. "일단 무작정 일본에 가서 부딪혀 보면서 배우는 게 훨씬 빠르다. 내가 아는 사람도 일본어 히라가나도 몰랐는데 무작정 일본 가서 부딪히면서 일본어 배웠는데 지금은 일본어 엄청 잘한다." 이런 이야기는 옛날 1980년대의 이야기이다. 그때에는 우리나라에 일본어 문법책도 별로 없었고 한일 문화 개방도 제대로 되어 있지 않아서 일본인도 한국에 거의 없었다. 일본에 관련된 서적도 별로 없었고 일본 문화에 대해서도 잘 몰랐다. 그랬던 시절이었기 때문에 한국에서는 아무리 열심히 하려고 해도 자료가 너무 부족했다. 다시 말해 공부할 수 있는 여건이 제대로 갖추어져 있지 않았다는 것이다. 결국 무작정 일본으로 날아간 사람들이 많았다.

하지만 지금은 2014년이다. 이미 30년이 지났다. 지금 우리나라는 일본 문화의 포화 상태에 있다. 일본 노래, 일본 드라마, 일본 방송, 일본 뉴스, 일본 패션, 일본 문화, 일본어 교재, 일본어 학원, 일본인 등등 일본에 관한 모든 것이 넘쳐난다. 일본의 거의 모든 것이 한국에 고스란히 와 있다. 일본에 굳이 갈 필요가 없다. 한국 안에 일본 정보가 넘쳐난다. 이런 환경에서 무작정 일본에 간다는 것은 뭔가 맞지 않다.

다시 말하지만 일본에 가려면 한국에서 만반의 준비를 끝내고 가야 한다. 무작정 가는 것은 무모한 도전이다. 1980년대 무작정 간 사람 중에 굉장히 많은 사람이 실패하고 돌아왔다는 사실을 알아야 하고 설령 성공했다 하더라도 그 사람들은 굉장히 고생고생을 하고 산전수전 다 겪고 정말 힘들고 무식하게 해서 성공한 사람들이다. 그런 무모한 도전은 그만 두고 한국에서 충분히 차근차근 진도를 나가면 될 것이다. 외국어는 체계적인 단계를 밟아 나갈 때 최대한의 효과를 거둘 수 있다. 또한 한국에서 충분히 할 수 있는 것을 굳이 생돈을 들여서 일본에 가서 한다는 것 자체가 어리석은 행동이다.

36　외국어를 공부할 때는 부끄러움을 잊어야 한다

외국어를 공부할 때는 절대로 부끄러운 것이 있어서는 안 된다. 뻔뻔한 사람이 되어야 한다. 왜냐하면 모르는 것이 있는데도 부끄러워서 말도 못하고 자신이 혹시 문법적으로 틀리지 않을까 해서 부끄러워서 말도 못하면 결국 자기 자신만 손해가 된다. 일본어를 문법적으로 틀리지 않고 말을 잘 할 수 있다면 굳이 학원에 다닐 필요도 없지 않은가? '나는 모른다. 모르니까 학원에 와서 배우는 것이 아닌가?'라는 당연한 생각을 가져야 한다. 문법적으로 완벽한 문장을 말할 수 없는 것은 당연한 것이다. 왜냐하면 지금 일본어를 배우고 있는 중이기 때문이다. 그렇게 자신이 잘 모른다는 것에 대해 당연하다고 생각하면 부끄러울 것도 없어진다. 그때부터 무조건 말해 버리는 것이다.

문법에 대해서 물론 생각을 해야 하지만, 자신이 따로 문법을 열심히 공부하고 문장을 통째로 많이 외웠다 하더라도 완전히 머릿속에 박혀 있지 않으면 막상 프리토킹을 할 때 잘 생각이 안 나게 된다. 그렇다고 해서 계속 문법만 생각할 수는 없다. 대화는 계속 이어져야 하기 때문이다. 그래서 어떻게든 말이 잘 안 나올 때는 손짓 발짓까지 다하면서 대화를 계속해야 한다. 그래야지 외국인에 대한 막연한 두려움도 사라진다.

결국 입장을 바꿔 놓으면 우리가 외국인이 되는 것이다. 사람이란 결국 거기서 거기다. 외국인이나 한국인이나 다 같은 사람이다. 두려워 할 것은 없다. 단지 자연스러운 대화가 안 되는 것에 대한 미안함이 있을 뿐이다. 일단 외국인에 대한 막연한 두려움을 버려야 한다. 그러고 나서 무작정 대화를 해야 한다. 주변에 한국 사람에게도 일본 사람에게도 길다가 만난 일본 사람에게도 무조건 물어본다. 일본 사람을 만나면 무조건 대화를 한다.

대부분의 일본인 관광객은 한국인이 말을 걸어 오면 90%는 반갑게 응해 준다. 그리고 무작정 하고 싶은 말을 하는 것이다. 너무 상황에 맞지 않는 이야기를 하면 일본인은 당황할지도 모른다. 또한 너무 바쁘게 움직이는 사람에게 말을 거는 것도 조금 실례가 될 것이다. 하지만 그렇지 않은 경우라면 대부분의 일본인들은 반갑게 응해 줄 것이다. 그러면 바로 여러분이 준비한 이야기를 하든지 아니면 평소에 일본이나 일본어에 대해 궁금한 것을 물어봐라. 그때도 여러분이 이때까지 열심히 외우고 공부한 모든 단어와 문장을 총 동원하고 최악의 경우에는 손짓 발짓 다하면서 원 없이 이야기를 해라. 단최대한 예의를 갖춰서 하면 좋은 인상을 남길 것이다.

그리고 대화가 끝난 다음에 여러분이 한 이야기와 들은 이야기를 곰곰이 생각하면서 이해가 안 되거나 어떻게 말해야 될지 모르겠다고 생각되는 단어와 문장을 일본어와 한국어를 둘 다 쓰면서 메모한 다음, 일본어 선생님이나 번역기를 이용해 답을 얻어 낸다. 그리고 그 문장을 반드시 통째로 외워야 한다. 그렇게 공부하는 습관을 들이면 부끄러움은 완전히 없어지면서 인생에서도 자신감이 많이 생길 것이다.

필자는 주로 호텔이나 서울의 인사동을 이용했다. 또한 집 근처에 유명한 호텔이 있어서 집에 들어갈 때마다 거기를 들려서 하루 동안 공부를 하다가 궁금한 점이나 이해가 안 되는 부분을 메모에 적어서 반드시 지나가는 일본인에게 물어보고 집에 들어갔다. 그것이 필자의 하루에서 중요한 일과가 되었다. 일본인은 외국인이 일본어를 공부하는 것에 대해 굉장히 신기해하고 기뻐한다. 그것은 어느 나라 사람이든 마찬가지일 것이다. 만약 일본 사람이 여러분에게 어설픈 한국어로 모르는 한국어 문법을 물어보는데 그냥 바쁘다고 뿌리치겠는가? 그래도 자랑스러운 대한민국의 언어를 공부하는데 뭐라도 도움을 주고 싶어 하지 않을까 한다. 일본인도 마찬가지이다. 필자가 말을 걸었던 대부분의 일본인은 굉장히 친절하고 자세하게 필자가 모르는 부분에 대해 설명해 주었다. 물론 일본 사람의 민족성 자체가 친절이기도 하지만 어쨌든 웬만하면 다들 친절하게 대화에 응해 준다.

어느 누구도 실수 없이 하나의 외국어를 끝내는 사람은 없다. 누구나 하나의 외국어를 통달하기 위해 수 없이 실수하고 틀리면서 깨달아 나아가는 것이다. 실패는 성공의 어머니인 것처럼 수많은 실수를 통해서 하면 안 되는 방법을 알아 나가는 것이다. 에디슨은 전구를 발명하기 위해 수만 번의 실패를 했지만 그 실패를 통해 하면 안 되는 수만 가지의 방법을 깨달았다고 했다. 실수를 두려워하지 말고 부끄러워하지 말자. 그 실수를 통해서 진정한 성공의 길을 찾아가는 것이다.

37. 항상 메모를 생활화하라

항상 메모지, 수첩과 볼펜을 가지고 있어야 한다. 잘 때도 항상 머리맡에 수첩, 볼펜을 두고 자야 한다. 눈을 감고 잘 때도 머릿속에서 떠오르는 의문들을 무조건 메모해야 한다. 예를 들어 〈마셔 보면 안다.〉이런 말은 어떻게 하지? 아니면 〈네가 올 줄 알았다.〉등등 일본어에 푹 빠져 버리면 그때부터 순간순간 머릿속에서 계속 끊임없이 의문들이 올라온다. 그런데 그 순간순간 생각나는 의문들을 메모해 두지 않으면 나중에 정작 일본인을 만났을 때 그 전에 궁금해서 물어 보고 싶었던 것들이 생각나질 않는다. 그리고 이상하게 헤어지고 좀 있으면 그 의문들이 떠오른다. 하지만 이미 늦었다. 일본인은 가고 없다. 또 일본인을 만나서 그때 그 의문에 대한 답을 문장으로 말해야 하는 상황이 꼭 오지만 메모를 해 두지 않았기 때문에 답도 모르는 것이다. 결국 대화는 계속 끊어진다.

어느 순간에는 생각이 나도 그것을 메모해 두지 않으면 그 순간이 조금만 지나도 그 의문들이 생각이 안 난다. 자신이 방금 궁금했던 그 질문이 무엇이었는지 기억이 안 난다. 일본인을 만나면 그때가 기회이다. '내가 모르는 것을 다 물어봐야지!' 하는 생각은 올라오지만 정작 자신이 평소에 의문 나는 것을 순간순간 메모해 두지 않았기 때문에 결국 질문이 생각나지 않고 기회는 물 건너가는 것이다. '다음에는 일본인을 만나면 반드시 모르는 걸 다 물어봐야지!' 하면서도 또 메모를 해 두지 않았기 때문에 역시나 다시 일본인을 만나도 2~3개 정도의 질문밖에 하지 못한다. 메모를 잘 해 두면 한 번에 20개 이상 모르는 것에 대한 정확한 해답을 알 수 있다.

물어보는 방법은 간단하다. 일단 일본인을 만나면 최대한 친한 척을 하면서 다가가서 〈失礼ですけど、(실례합니다만) 日本人ですか。(일본인입니까?) 私は韓国人ですけど、(저는 한국인입니다만,) 日本語の勉強をしていますけど、(일본어 공부를 하고 있습니다만) 分からないところがあって(모르는 것이 있어서) ちょっと聞いてみてもいいですか。(조금만 물어봐도 되겠습니까?)〉라고 하면 대부분의 일본인은 그렇게 바쁘지 않는 이상은 반갑게 질문에 답해 준다.

그러면 이렇게 질문하면 된다. 예를 들어 〈단체로 간다.〉라는 말을 일본어로 하고 싶을 때 〈団体に行く〉인지 〈団体で行く〉인지 잘 모르겠으면 〈団体に行くですか。団体で行くですか。(단타이니이쿠입니까? 단타이데이쿠입니까?)〉라고 물으면 일본인은 〈団体で行くです。(단타이데이쿠입니다.)〉라고 답해 줄 것이다.

이런 식으로 물어보면 되고 아니면 예를 들어 〈마실 수 없게 되어 버렸다.〉라는 말을 하고 싶은데 어떻게 해야 할지 모르겠다면 일

단 그 말을 번역기로 알아 봐라. 하지만 번역기에서 나온 말이 웬만하면 정확하지만 혹시 틀릴 수도 있기 때문에 다시 일본 사람에게 물어봐야 정확할 것이다. 물어보는 방식은 똑같다. 번역기에서 나온 말이 〈마실 수 없게 되어 버렸다. = 飲めなくなっちゃった。〉라면 일본인에게 〈飲めなくなっちゃった、よく使いますか。(노메나쿠낫짯따 자주 쓰니까?)〉라고 물어보면 일본인은 〈よく使います。(자주 쓰니다.)〉라고 대답해 줄 것이다.

물론 우리나라에는 일본어에 관한 수많은 서적이 있고 수많은 관련 정보가 있지만, 그 서적에 있는 일본어 예문들 중에는 표현이 틀린 것도 있고 실제로는 일본인이 잘 쓰지 않는 예문도 많다. 그래서 한국에 있는 서적의 모든 예문들을 그대로 믿어서는 안 된다. 사전에 있는 예문들도 정작 일본인은 거의 쓰지 않는 예문들이 꽤 있다. 그렇기 때문에 일본인에게 확실히 물어봐서 검증을 거치지 않으면 믿을 수 없다. 그래서 조금만 애매하다고 생각되면 반드시 일본인에게 물어보는 것이 가장 확실하다.

여러분이 회화 학원에 다닌다면 일본인 강사에게 물어보면 되겠지만 그렇지 않다면 명동이나 인사동 쪽으로 가 볼 것을 추천한다. 그동안 메모해 둔 모든 의문들을 물어봐라. 웬만하면 친절히 답해 준다. 단 한 명의 일본인에게 모든 의문을 물어보면 시간이 너무 오래 걸려서 폐를 끼칠 수가 있기 때문에 3~4명으로 나누어서 물어보는 게 좋을 것 같다.

다시 말해 메모의 생활화가 매우 중요하다. 평소에 궁금하게 생각하는 것을 그때그때 바로바로 메모해서 일본인에게 물어보지 않으면 항상 뭔가 시원치 않고 회화를 해도 항상 똑같은 부분에서 걸리고 막힌다. 그런데 막히는 데도 그것을 메모하지 않고 넘어갔기 때문에 또 다시 그 부분에서 막히는 것이다. 막힐 때 궁금할 때 무조건 메모를 해야 한다. 애인을 만날 때도 추석 때도 친구랑 술 마실 때도 항상 메모 수첩과 볼펜을 가지고 다녀라. 그것이 바로 일본어 프리토킹의 달인이 되는 지름길이다.

또한 궁금증이 해결되었다 하더라도 그 내용을 반드시 외워야 한다. 외울 때는 반드시 문장화시켜서 외워야 한다. 각각의 단어로 외워서는 안 된다. 반드시 문장화시켜서 외워야 그것이 실전 회화로 연결될 수 있다. 문장화시킨다는 것은 반드시 [주어][목적어][서술어]가 있게끔 해야 한다는 것이다. 마지막으로 다시 이야기하지만 모르는 것은 무조건 메모하라.

38 최대한 빠른 시간 내에 일본어를 끝내라

    필자 생각에는 히라가나도 모르는 사람이 일본어를 어느 정도 끝내는 데 대략 2년이면 충분하다. 6개월 만에 N3·N4 문법을 끝내고 다음 10개월 만에 N2 문법을 끝내고 다음 8개월 동안 N1 문법을 끝내는 것이다. [6개월 - N3·N4 문법, 한자, 독해, 듣기, 말하기], [10개월 - N2 문법, 한자, 독해, 듣기, 말하기], [8개월 - N1 문법, 한자, 독해, 듣기, 말하기] 2년이면 충분하다고 생각한다. 2년을 넘어가면 그건 좀 곤란하다. 왜냐하면 이렇게 바쁘게 돌아가는 세상에 외국어 하나 끝내는 데 3년 이상이나 시간을 투자한다는 것은 너무 무모하다.

    다시 말해 2년 안에는 무조건 끝낸다고 마음을 먹어야 한다. 여기서 끝낸다는 말은 최소한 자신이 하고 싶은 말은 90% 이상 일본어로 말할 수 있고 90% 이상은 알아들을 수 있는 상태를 말한다. 2년이 넘어가 버리면 그건 너무 시간이 길어지는 것이고 의욕도 저하된다. 최대한 2년 안에는 무조건 끝내겠다고 마음을 먹어야 한다는 것은 2년 동안 아무 일도 하지 않고 일본어만을 공부한다는 것을 의미한다.

물론 현실적으로 2년 동안 아무 일도 안하고 공부만 해도 아무런 문제가 안 되는 사람들은 대개 휴학생이거나 대학을 가지 않은 고교 졸업생이거나 직장이 없는 대학 졸업생일 것이다. 이런 사람의 경우에는 정말 자기 자신이 독하게 마음먹고 하면 2년 안에 반드시 할 수 있다고 자신한다. 그렇지만 학생의 신분이거나 직장을 가지고 있는 사람은 일본어에만 전념하기가 힘들기 때문에 2년 안에 끝내기는 힘들 수도 있다. 그렇다고 해서 직장이나 학교를 그만 둘 수는 없기 때문에 이런 사람들은 어떻게든 잠을 줄이거나 회식, 동아리 활동, 유희 활동을 줄여 최대한 일본어 공부를 할 수 있는 시간을 만든다면 가능할 수도 있다고 생각한다.

참고로 필자는 2년 동안 아무 일도 안 하고 하루에 13시간 정도를 일본어에 투자해서 어느 정도 일본어로 원활한 대화가 될 수 있도록 했다. 물론 시간을 많이 투자한다고 반드시 좋은 것은 아니겠지만 사실 필자 같은 경우는 13시간도 부족하다고 생각했다. 어떤 사람은 이렇게 말하는 사람도 있었다. "2년 동안 돈을 벌면 그래도 엄청 벌 수 있는데 아무것도 안 하고 공부만 할 수 있나요? 2년 후에 정말 일본어 실력이 월등히 될지도 확실치 않은데, 물론 2년 후에 정말 확실하게 일본어를 잘할 수 있게 된다면 해볼 만하겠지만, 만약에 2년을 공부했는데도 안 되면 어떻게 합니까?"

이런 사람에게 필자는 이런 말을 해 주고 싶다. 인생은 어차피 선택의 연속이다. 시간은 정해져 있고 몸은 하나이다. 동시에 두 가지 일을 할 수는 없다. 물론 일을 하면서 일본어 공부를 할 수도 있지만 그렇게 하면 2년 안에 끝내기 힘들다. 올인해야 한다. 자기 자신을 벼랑 끝으로 내몰아야 한다. 그렇지 않으면 일심의 마음이 안 생긴다.

일본어를 왜 공부하는가? 그냥 취미로 공부하는가? 아니면 완전히 이쪽 길로 나가려고 하는가? 취미로 하려면 그냥 일하면서 여유 있게 공부하시면 된다. 그게 아니라 완전히 이 길로 나가려면 그냥 여기에 모든 것을 걸고 죽기 살기로 마음먹고 해야 한다.

외국어를 하나 끝낼 정도의 사람이라면 뭐든지 할 수 있다

외국어를 하나 끝낸 사람은 뭐든지 할 수 있는 훌륭한 사람이다. 왜냐하면 외국어는 정말 자신과의 싸움이기 때문이다. 물론 다른 어떤 분야도 그 분야의 달인이 되려면 피나는 노력이 있어야 하지만 외국어도 달인이 되기 위해서는 피나는 노력이 필요하다. 사실 외국어는 두뇌가 명석하지 않은 사람도 누구나 마음만 먹으면 할 수 있는 분야이다. 수학이나 과학, 건축, 이런 분야는 굉장히 복잡하고 두뇌가 좀 빨리 돌아가야 할 수 있지만, 외국어는 어떻게 보면 정말 단순한 분야라고 생각한다. 그냥 문법을 이해하고 무조건 문장을 외우면 된다. 외우는 데는 두뇌가 명석할 필요는 없다. 두뇌의 회전력이 떨어진다 하더라도 하고자 하는 의지만 있으면 외우기는 누구나 할 수 있다. 단, 그 외우기라는 것이 생각만큼 만만하지는 않다.

외국어를 끝내기 위해서는 고도의 끈기와 인내력이 필요하다. 매일매일 같은 단어를 같은 문장을 수십 번, 수백 번 반복하고 또 반복하지만, 잊어버리고 다시 외우고 또 잊어버리고 다시 외우기를 수없이 몇 달, 몇 년을 계속 반복해야 한다. 지치면 하늘 보고 다시 하고, 또 지치면 물 한 잔 마시고 다시 외우고, 결국 자신과의 싸움이다. 포기하고 싶은 마음도 수 없이 올라오고 부정적인 생각도 수시로 올라와도 다시 물 한 잔 마시고 외우고 또 외워야 한다. 그래야만 간신히 한 개의 외국어를 통달할 수 있다.

그래서 흔히 담배 끊은 사람과 외국어 하나 할 줄 아는 사람은 독한 사람이라고 한다. 부모 중에 한 사람이 외국인이어서 자연스레 외국어를 배운 사람이면 모르겠지만, 오로지 외우고 또 외워서 외국어를 통달한 사람이라면 그 사람은 뭐든지 할 수 있다고 본다. 필자 주변에도 일본어뿐만 아니라 영어를 잘하는 사람이 있는데, 보면 정말 다들 열심히 살고 있고 그 사람들의 공통적 특징은 역시 끈기와 인내심이 대단하다는 것이다.

처음부터 끈기와 인내심이 생기는 것은 아니다. 끊임없이 반성하고 노력한 끝에 생기는 것이다. 이 책을 읽다 보면 이 책 쓴 사람은 정말 독종 같다는 생각이 들 수도 있을 것이다. 하지만 그렇게 해도 부족한 것이 외국어 공부이다. 필자는 아직도 일본어 공부를 한다. 물론 예전처럼 머리 싸매고 하진 않지만 끊임없이 해야 하는 것이다. 그래야만 달인이 될 수 있다. 눈에 보이는 멋진 모습만 부러워할 것이 아니라 그 이면에 그 사람이 얼마나 노력했을까를 잘 생각해 봐야 한다. 절대 필자의 자랑을 위해서 하는 말이 아님을 알아주었으면 한다. 여러분도 충분히 할 수 있다.

"일본어가 정말 내 적성에 맞는지 모르겠습니다. 왜냐하면 공부를 아무리 해도 실력이 별로 오르지 않는 것 같기 때문입니다." 일본어를 공부하는 사람들은 이런 이야기를 자주한다. 그런데 외국어라는 것은 그렇게 벼락치기로 한다고 해서 갑자기 실력이 느는 것은 결코 아니다. 꾸준히 해야 한다.

"앞으로 시험 날이 3개월 남았는데 제가 일본어 자격증 시험에 붙을 수 있을까요?" 이런 질문도 자주 듣는다. 이런 질문을 받을 때마다 필자가 항상 해 주는 말이 있다. "3개월 정말 열심히 해서 자격증 시험에 합격하면 그 다음부터는 일본어를 아주 능통하게 할 수 있습니까? 자격증을 따려는 이유가 무엇입니까? 회사 입사를 위해서입니까? 그렇게 회사에는 들어간다 하더라도 조만간에 진짜 일본어 실력이 드러날 텐데 그건 걱정되지 않습니까? 외국어를 공부하는 근본적인 목적에 대해 다시 한 번 깊이 생각해 보십시오."

자격증도 중요하지만 외국어를 공부하는 근본적인 목적인 원어민과의 원활한 의사소통에 더 초점을 맞춰야 할 것이다. 만약 당신이 외국어를 공부하려고 한다면 눈앞에 보이는 자격증 시험에만 얽매이지 말고 기본적으로 2년 앞을 내다보고 차근차근 과정을 밟아 나가야 할 것이다. 자격증만 쫓아가면서 마음만 급하게 공부해서는 큰 효과를 거두기 어렵다. 만약 3개월 후에 자격증 시험을 합격해야 하는데 공부를 열심히 안 했다면 자신이 노력하지 않은 것을 반성하고 허황된 욕심을 버리고, 2년 후의 자격증 시험을 목표로 꾸준히 해 나가야 할 것이다. 그래서 1년이나 2년 후의 자격증 시험을 목표로 해서 그 중간의 시험은 보지 말든가 아니면 본다면 그다지 합격 불합격에 마음을 두지 말고 시험을 쳐 보는 것이 좋다.

어설픈 실력으로 간신히 합격을 한다 한들 그것이 실전 회화로 제대로 연결도 되지 않을 것인데 무슨 의미가 있겠는가? 자신의 진짜 시험은 2년 후의 시험이라고 생각하고 눈앞의 시험에서 어떻게든 괜찮은 점수를 받아 보려는 허황된 욕심은 버려야 할 것이다. 설령 운이 좋아 좋은 점수를 받을 수는 있겠지만 그것이 진정한 자신의 실력은 아닐 것이다.

진정한 어학의 실력자라면 어떤 시험에서든 거의 똑같이 높은 점수가 나올 것이다. 마음을 크게 가지고 절대로 성급해서는 안 된다. 이렇게 공부하면 남보다 늦는 것처럼 보이지만 절대 그렇지 않다. 정반대이다. 눈앞의 시험에 항상 조바심 내서 공부하는 사람은 공부도 잘 안 된다. 그렇게 마음이 불안한 사람보다는 훨씬 공부의 능률도 오를 것이다. 모든 일은 마음이 안정이 되어야 제대로 할 수 있는 것이다. 안정이 안 되어 있으면 마음만 급해지고 이성보다는 감정이 앞서게 된다. 그렇게 되면 사물의 이치가 제대로 보이지 않기 때문에 집중도 잘 안 된다. 결국 공부의 성과도 제대로 올릴 수 없다. 결론적으로 말하면 외국어는 장기적으로 기간을 잡고 꾸준히 공부해야 빠른 성과를 이룰 수 있다. 단 2년을 넘기지는 않는 편이 좋다.

41 일본어는 학문이 아니라 의사소통 수단이다

만약 여러분이 고전 일본어학을 전공하거나 공부하고 싶다면 그것은 일본어와는 사뭇 다른 분야일 것이다. 또한 여러분이 일본어학 개론에 대해 깊이 연구하고 싶다면 그것 또한 일본어라는 언어를 공부하는 것과는 방향이 많이 다를 것이다. 이런 고전 일본어학이라든가 일본어학 개론을 공부하는 것이 아니라 단지 일본어라는 언어를 공부하려 한다면 절대로 학문을 연구하듯이 공부하지는 말아야 할 것이다. 도서관에서 입을 다물고 문법에 대해 깊이 연구하고 공식만을 속으로 암기하는 그런 식의 공부 방식에서 벗어나야 한다. 일본어라는 언어를 공부하기 위해서는 떠들어야 한다. 입으로 말해야 한다. 외국어를 배우는 본연의 모습으로 돌아가서, 학문적으로 공부하는 구시대의 공부 방식에서 벗어나서 입으로 말하라. 말하지 않으면 말을 못한다. 외국어는 도서관에서 공부하는 것이 아니다. 여러분이 고전 일본어학이나 일본어학 개론을 연구한다면 예외가 될 수 있겠지만 그것이 아니라 단지 의사소통을 위해 일본어를 공부한다면 도서관에서 빨리 나와라. 그리고 떠들면서 공부해도 되는 곳으로 가라. 외국어는 학문이 아니다. 단지 의사소통 수단일 뿐이다.

집에서 혼자
연기를 하듯이 말하라

외국어를 집에서 공부할 때는 무조건 입으로 말하면서 문장을 외우되 진짜 상대가 있다고 생각하면서 문장을 말하라. 상대가 있다는 생각이 도저히 안 든다면 사람만한 인형을 사서 인형이 사람이라 생각하고 말을 하면 될 것이다. 혼자 벽을 보고 말하는 것보다는 훨씬 더 효과가 있을 것이다. 뭔가 제스처도 하면서 정말 상대가 있다고 생각하면서 말하면 감정이입도 되기 때문에 더 자연스러운 문장이 나올 수 있다. 반면에 그냥 벽만 보고 문장을 외우면 마치 책을 읽는 것 같은 느낌의 말이 될 수 있다.

물론 이 연습도 처음부터 쉽지는 않을 것이다. 처음 10번 정도 문장을 읽을 때까지는 그 문장이 아직 입에 배지 않았기 때문에 연기를 하면서 말하기는 힘들겠지만, 어느 정도 문장이 입에 밴다면 그 다음부터는 대상이 있다고 생각하고 문장을 말하라. 몇 배의 효과를 볼 것이다. 단, 이런 방식의 공부 방법은 집에서 하기를 권한다. 왜냐하면 모르는 사람이 보면 정신이상자라고 오해를 할 수 있기 때문이다.

43 자신이 외운 문장을 음성 녹음해라

요즘 많은 일본어 참고서는 대부분 음성 파일이 들어 있다. 그래서 문장의 정확한 발음을 반복해서 들을 수 있다. 그런데 하나의 단점이 있다. 바로 그것은 입을 다물고 계속 듣기만 해야 한다는 것이다. 다시 말해 자신이 따라서 말할 시간을 주지 않는다. 그렇기 때문에 듣기 공부는 될지 모르겠지만 말하기 공부는 되지 않는다. 물론 어떤 사람은 음성 파일의 스톱 버튼을 계속 누르면서 들을 말을 따라 말하는 경우도 있다. 하지만 많이 번거로울 것이다. 계속 스톱 버튼과 재생 버튼을 번갈아 가면 눌러야 하기 때문에 운동이나 워킹을 하면서 공부하기는 힘들 것이다. 결국 귀찮아서 그냥 듣기만 계속하는 경우도 많다. 말하기 공부의 핵심은 말을 해야 하는 것인데, 말을 하지 않고 계속 듣기만 하니까 말이 늘지 않는 것이다.

그러면 어떻게 해야 할까? 방법은 간단하다. 일단은 교재의 음성 파일의 문장을 어느 정도는 열심히 듣고, 외운 다음에 자신이 직접 음성 파일을 만들어라. 만드는 방법은 간단하다. 요즘 핸드폰에는 거의 녹음 기능이 다 있다. 일단 교재의 내용을 어느 정도는 입으로 읽을 수 있을 정도로 연습을 해라. 녹음을 할 수 있는 수준이 된 다음에는 핸드폰의 녹음기를 켜놓고 녹음을 하면 된다. 단, 녹음 순서를 알아야 한다. 일단 한글 해석을 먼저 말한다. 그리고 한글 해석에 대한 일본어 답을 말할 시간을 주어야 한다. 이때는 무음으로 간다. 그리고 일본어 답을 말한다. 그리고 그 일본어 답을 다시 따라 말할 시간을 준다. 이때도 무음으로 흐르게 한다. 예를 들어 보자.

"당신은 어제 무엇을 했습니까?" 그리고 무음이 흐른다. 이때 속으로 정답을 말한다. 속으로 정답을 말하고 나서 바로 소리 내어 정답을 말한다. "あなたは昨日何をしましたか。" 그리고 다시 속으로 정답을 말한다. 속으로 정답을 말하고 나서 다음 한글 해석을 말한다. 첫 번째 무음에는 정답을 말하고, 두 번째 무음에는 정답을 다시 따라 말해 보는 것이다. 그래서 이렇게 만든 음성 파일은 단순히 듣기만 하는 것이 아니라, 들으면서 말도 하게 되는 것이고, 특히 한글을 듣고 일본어로 말하게 되는 것이기 때문에, 통역과 같은 이치가 된다. 이렇게 해서 한 번 녹음할 때 50문장에서 100문장 정도를 한번에 녹음하는 것이다. 이렇게 녹음한 것을 운동할 때, 걸어갈 때 들으면서 말하면 일본어 말하기 공부에 큰 도움이 된다.

외국어를 공부하는 사람은
조국에 대한 감사함을 가져야 한다

예전에 어떤 자리에서 일본인과 이야기를 나누게 되었다. 그런데 한국인 중 한 사람이 일본인에게 한국인의 단점에 대해 이야기를 하기 시작했다. 사실 필자는 부끄러웠지만 한국인도 물론 단점이 있기 때문에 반성의 차원에서 이야기할 수는 있다고 생각했다. 하지만 그 사람은 점점 도를 넘어서면서 한국에 대한 욕을 하기 시작했다. 필자는 너무 당황스러워서 그 이야기를 중단시켰다.

외국어를 공부하는 사람은 그렇지 않은 사람보다 외국인을 만날 기회가 많다. 그리고 한국인을 만나는 외국인들은 자신이 만난 그 한국인에 의해 한국을 판단하게 되어 있다. 그렇다면 윗글에 나와 있는 사람처럼 자국을 욕해서는 안 된다. 외국인이 뭐라고 생각하겠는가? 한국 사람은 자기 나라에 대한 욕을 많이 한다고 생각하지 않겠는가? 어찌 되었건 우리가 한국인으로 태어난 것은 우리의 운명이고 자신의 나라는 부모와 같은 존재이다. 조국이 없으면 어떻게 우리가 존재할 수 있겠는가? 그런 것을 생각한다면 감히 자신의 나라에 대해 외국인 앞에서 욕을 할 수는 없을 것이다.

물론 우리나라도 문제가 있다. 한국인도 단점이 있고 고쳐야 할 점이 있다. 그리고 그런 부분에 대해 충분히 이야기도 할 수 있다. 하지만 그 근본 마음에 자신의 모국에 대한 100%의 충성심과 사랑이 있어야 한다. 외국어를 하는 사람은 정말 실질적으로 외국인과 직접 만나게 된다. 외국어를 잘 모르는 사람보다 더욱 몸가짐과 마음가짐을 바르게 해야 한다. 그래야만 한국의 위상을 세계에 떨칠 수 있다.

그리고 외국인은 자기가 만난 한국인의 행동으로도 한국이라는 나라 전체를 판단할 수 있기 때문에 외국인을 만나면 특히 말과 행동에 신경을 써야 한다. 그것은 한 개인만을 위해서가 아니라 한 국가를 위해서이기도 하다. 절대 자기 입으로 자기 나라를 욕하는 일은 없어야 한다. 이런 말을 하는 이유는 이런 사람을 많이 봐 왔기 때문이다. 자신의 조국이 없으면 어떻게 자신이 존재할 수 있겠는가? 그런 조국에 대한 감사함을 생각한다면 감히 자국에 대한 욕을 외국인에게 할 수는 없을 것이다. 이것은 남에게 자신의 부모님에 대한 욕을 해서는 안 되는 것과 일맥상통한다. 또한 이것은 한국인끼리도 마찬가지일 것이다. 당신이 바로 대한민국 대표이다.

45 외국어는 정말 매력적인 분야이다

 필자는 어떤 외국어도 능통하게 할 수 없었던 때에는 외국과 외국인에 대한 굉장한 환상에 빠져 있었다. 도대체 외국인들은 무슨 생각을 하고 외국인들의 사고방식은 어떨까 등등 많은 것들이 궁금했다. 마치 우리와는 전혀 다른 외계인 같은 거리감마저 들었다. 왜냐하면 대화 자체가 불가능했기 때문이다. 하지만 말이 통하고 나서는 외국인과의 거리감이 거의 없어지게 되었다. 물론 필자는 일본어밖에 못하지만 말이다. 한 사람의 한국인은 세상의 4,000만 명과 대화가 가능하다. 하지만 일본어를 할 수 있으면 세상의 2억 명과 대화가 가능해진다. 영어까지 할 수 있으면 몇 십억 인구와도 대화가 가능해질이다. 이 외국어라는 것이 얼마나 매력 있는가? 필자는 외국어를 통해 세상의 더 많은 사람과 의사소통이 된다는 것에 많은 매력을 느꼈다. 만일 외국어를 못했다면 평생 말 한마디 못해 보았을 사람과 대화도 할 수 있고 서로의 마음에 대해서도 알 수 있으니 이것이 바로 외국어의 매력이 아닌가 한다.

왜 외국어를 공부해야 하는지에 대한 확실하고 명확한 자각이 필요하다

초등학교, 중학교, 고등학교를 다닐 때는 공부에 그다지 관심이 없던 사람들이 졸업을 하고 나서 갑자기 공부를 열심히 하는 경우를 종종 보게 된다. 그 사람들에게 무슨 일이 있었던 것인가? 왜 갑자기 공부를 열심히 하게 되었을까? 이유는 간단하다. 왜 공부를 해야 하는지 이유를 알았기 때문이다.

공부를 열심히 하는 사람과 공부를 열심히 하지 않는 사람의 차이점은 바로 그 사람에게 큰 꿈이 있느냐 없느냐의 차이에 있다고 생각한다. 왜 공부를 열심히 해야 하는가? 단지 어릴 때부터 귀에 못이 박히도록 공부하라고 말씀하시는 어머니 때문인가? 착한 사람은 공부를 열심히 해야 하기 때문인가? 아니다. 공부를 열심히 해야 하는 이유는 그 공부를 통해 자신의 꿈을 이룰 수 있기 때문이다.

그러면 외국어를 공부하는 이유는 무엇인가? 단지 요즘 세상에서 외국어 하나 정도는 할 수 있어야 하기 때문인가? 그렇게 생각을 하면 확고한 의지가 생기지 않는다. 명확한 자각이 필요하다. 그냥 남들이 공부하기 때문에 하는 것도 아니고 회사에 취직하기 위해서도 아니다. 자신의 꿈을 이루기 위해서이다. 외국어를 익혀서 자신이 결국 하고 싶은 것이 무엇인지를 구체적으로 생각하여 기한을 정하고 그 기한 내에 반드시 이루겠다는 확고한 의지를 가지고 공부를 하면 몇 배 이상의 효과를 얻을 것이다.

47 하나의 외국어를 마스터하면 그다음 외국어는 더 쉽게 마스터할 수 있다

지구상에는 수없이 많은 나라가 존재하고 그 각각의 나라는 수많은 언어를 사용하고 있다. 그리고 그 언어들은 문법적 구조, 단어 그리고 발음이 서로 다르다. 하지만 그 언어들의 근본 이치는 같다. 그래서 하나의 외국어를 마스터하면 그다음 외국어를 마스터하는 데에 굉장히 시간이 단축된다.

다시 말해 하나의 외국어를 어느 정도 마스터하면 외국어를 공부하는 방법 자체를 깨닫게 되는 것이기 때문에 다음 외국어를 마스터하는 데에 시간이 단축된다는 것이다. 또한 하나의 외국어를 마스터하면 그것에 대한 자신감이 생기기 때문에 다른 외국어도 마스터할 수 있다는 자신감을 가지게 되는 것이다.

이 책은 일본어를 공부하는 사람을 위해 만든 책이지만, 사실은 일본어를 공부하는 사람뿐만 아니라 어떤 외국어를 공부하는 사람도 읽으면 도움이 되는 책이다. 왜냐하면 어느 외국어든지 익히는 방법은 똑같기 때문이다.

세상에서 가장 어려운 한국어를 할 수 있으면 어떤 언어도 마스터할 수 있다

한국어는 세상에서 가장 어려운 언어이다. 이유는 첫째로 세상의 어떤 외국어보다도 발음이 많다는 것이다. 그래서 외국인들이 한국어를 공부할 때 가장 어려워하는 부분이 바로 발음이다. 특히 일본 사람은 한국어 공부를 하는 것에 대해 어마어마한 어려움을 느낀다. 왜냐하면 한국어 발음에는 일본어에 없는 수천 개의 발음이 있고, 일본인이 한국어를 공부하기 위해서는 태어나서 한 번도 발음해 보지 못한 이 수천 개의 발음을 익혀야 하기 때문이다. 일본인에게 있어서 이 수천 개의 새로운 발음을 익힌다는 것은 너무도 감당하기 어려운 벽이다.

이에 반해 일본어의 거의 모든 발음은 한국어의 발음 속에 포함되어 있다. 그래서 한국인이 일본어를 공부할 때는 발음 부분에서는 거의 문제가 없다는 것이다.

두 번째 이유로는 표현이 아주 많다는 것이다. 발음이 많아서 여러 가지 단어를 만들 수 있기 때문에 표현이 많은 것은 당연한 것이 아닐까 한다. 그런 어려운 한국어를 여러분은 자유자재로 할 수 있지 않은가? 일본인 입장에서 한국어를 유창하게 잘하는 여러분은 정말 언어의 마술사와 같은 존재이다. 귀가 있고 입이 있고 한국어를 유창하게 할 수 있는데 어떤 외국어인들 못하겠는가? 자신감만 가지면 충분히 일본어의 달인이 될 수 있다.

49 외국어는 중간에 쉬면 안 된다

일본어 강의를 오래 하면서 만난 학생들 중 가장 안타까운 경우가 일본어 공부를 중간에 쉬었다가 하는 학생이다. 이런 학생들도 처음 나와 만났을 때는 정말 불타는 의지를 가지고 얘기한다. "선생님, 정말 일본어 마스터하고 싶습니다. 이번 기회에 반드시 끝을 내고 싶습니다." 그러면 나는 이렇게 묻는다. "일본어 공부 시작하신 지 얼마나 되셨습니까?" 그러면 보통 3년에서 5년 되었다는 학생이 대부분이고 7년에서 10년까지 되었다고 하는 학생도 꽤 있다. 나는 그 학생들에게 간단히 한마디 한다. "절대 중간에 쉬지 마십시오."

외국어는 한번 시작했으면 절대로 중간에 쉬면 안 된다. 자신이 이제 그만해도 되겠다고 생각될 때까지는 중간에 절대 쉬면 안 된다. 학생들 중에 이런 핑계를 대며 일본어 공부를 중간에 쉬는 경우가 있다. "선생님, 정말 저는 계속 공부를 하고 싶었는데요, 집안 사정상 도저히 일본어 공부를 할 수 있는 상황이 아닙니다. 하지만 저는 절대 포기하지는 않습니다. 언젠가 안정을 찾으면 반드시 다시 일본어 공부를 시작할 겁니다." 나는 이런 학생들에게 이렇게 말하고 싶다. "안정이 안 되고, 상황이 어려워도 매일 일본어 공부를 하십시오."

우리 인간의 인생에는 반드시 어려운 상황이 오기 마련이다. 그런데 어려운 상황이 될 때마다 공부를 쉬게 되면 평생 기초반이 된다. 우리가 흔히 궤도에 올랐다는 표현을 쓴다. 인공위성이 어느 높이 이상의 궤도에 오르면 더 이상 떨어지지 않는다. 마찬가지로 일본어도 어느 궤도 이상 오르면 더 이상 떨어지지 않는다. 하지만 그 궤도에 오르기까지는 계속 올라가야 한다. 중간에 쉬면 다시 바닥으로 떨어지게 된다. 중도에 부득이한 상황에 의해 다시는 일본어 공부에 대한 미련을 갖지 않겠다는 확신을 가진다면 일본어에서 손을 떼도 좋다. 하지만 마음속 깊은 곳에 일본어에 대한 미련이 조금이라도 남아 있다면 아무리 일본어를 공부하기 힘든 상황이 닥쳐도 중도에 쉬면 절대 안 된다.

왜냐하면 나중에 다시 시작할 때는 바닥부터 시작해야 하기 때문이다. 간신히 외운 것도 다 잊어버리게 된다. 그래서 결국은 시간이 더 걸리게 되고, 또 지쳐서 쉬었다가 시작하고 이것을 몇 년 동안 반복하게 되니까 항상 제자리걸음을 하고 마는 것이다. 외국어는 어느 정도 마스터하는 데 최대 3년을 넘으면 안 된다. 3년 안에는 거의 하고 싶은 말을 다 할 수 있게 만들어야 한다. 그러려면 3년 동안은 매일 일본어를 공부해야 한다. 그리고 그 이후부터는 여유 있게 자연스러운 일본어를 구사하기 위한 훈련을 하는 것이다. 3년을 독하게 노력해서 어느 정도 마스터가 되면 설령 그 이후에 몇 년 동안 일본어를 안 쓴다 하더라도 웬만해서는 잊어버리지 않는다.

50 말하기 → 듣기 → 읽기 → 쓰기 순서로 공부해라

외국어는 분야가 많다. 말하기와 듣기를 중점적으로 해야 하는 (동시)통역이나 가이드, 프리토킹 분야가 있고, 읽기와 쓰기가 중점이 되는 번역 분야가 있다. 그래서 자신이 장래에 희망하는 분야가 (동시)통역이나 가이드, 프리토킹 분야라고 한다면 말하기와 듣기를 중점적으로 공부해야 할 것이고, 번역 분야를 희망한다면 읽기와 쓰기를 중점적으로 해야 할 것이다. 하지만 인생을 살다 보면 (동시)통역이나 가이드, 프리토킹 분야의 사람도 번역 일을 하게 되는 경우가 있고, 번역 분야의 사람도 (동시)통역이나 가이드, 프리토킹 분야의 일을 하게 되는 경우가 있기 마련이다. 그러려면 말하기, 듣기, 읽기, 쓰기에 대한 공부를 다 해 두어야 한다. 그런데 이 네 가지는 따로따로인 것 같지만 하나이고, 하나인 것 같지만 따로따로이며, 먼저 해야 할 것과 나중에 해야 할 것이 있다. 나는 감히 공부 순서를 이렇게 정한다.

〈말하기 → 듣기 → 읽기 → 쓰기〉

외국어는 무조건 말하기 공부가 가장 우선이 되어야 한다. 말하기 속에 듣기는 당연히 포함되어 있다. 왜냐하면 문장을 반복적으로 말하면서 그 문장을 자신의 귀로 듣기도 하기 때문이다. 그래서 자연히 듣기 공부가 된다. 하지만 듣기 속에는 말하기가 포함되어 있지 않다. 그래서 듣기를 먼저 공부하면 말문이 막혀 들어간다. 그래서 음성 파일을 가만히 입 다물고 듣기만 하면 점점 벙어리가 되어 가는 것이다. 그래서 최소 5,000개 최대 1만 개의 문장을 입으로 통째로 외운 다음 듣기 공부를 해라. 그때부터는 일본 방송을 보면서 좀 더 자연스러운 일본어를 구사하기 위한 훈련을 해도 좋고, 일본인 친구를 만들어서 프리토킹을 해도 좋을 것 같다.

그렇게 훈련을 해서 듣기도 문제가 없게 된다면 그때부터 읽기 공부를 해도 좋을 것 같다. 읽기 공부로 가장 좋은 것이 바로 자격증 시험공부일 것이다. 단, 이때는 이미 입으로 5,000개 이상의 문장을 외웠고 듣기도 원활하게 되는 상태이기 때문에 일본어 자격증 공부를 고리타분하게 입 다물고 도서관에서 하지는 않을 것이다. 입으로 말하는 훈련이 잘 되어 있기 때문에 말할 수 있는 장소에서 입으로 문장과 이야기를 통째로 외워나가면서 읽기 공부를 하게 될 것이다. 그 이후에 쓰기 공부를 해도 좋을 것 같다.

51 한자를 외우는 방법

많은 학생들이 한자 공부는 어떻게 해야 하는지 묻는다. 한자 공부는 간단하다. 일단 지금의 시대는 쓰는 시대가 거의 끝났다. 나 역시 한자를 언제 써 봤는지 기억이 나질 않는다. 지금은 누르는 시대로 변했다. 참고로 나는 전화기 일본어 강사를 하고 있다. 항상 전화로 수업을 한다. 원래 나의 수업이 필기가 거의 없는 수업이거니와 전화기 수업이다 보니 필기도구로 한자를 쓸 일이 없다. 필요한 한자가 있으면 스마트폰이나 아이폰, 컴퓨터 자판으로 쓰게 된다. 일본인 친구에게도 핸드폰 키보드로 문자 메시지를 보낸다. 다시 말해 한자를 펜으로 쓸 일이 없다.

만약 자신이 일본 대학에 진학하기 위해서 논술 시험공부를 해야 하거나 일본어 강사가 되어서 학교나 학원에서 칠판에 한자를 쓰면서 수업을 해야 한다면 한자 쓰기 공부를 해야 할 것이다. 하지만 그 이외의 사람이라면 한자를 읽을 줄만 알면 큰 문제가 없다고 생각한다. 그러면 어떻게 하면 한자를 잘 읽을 수 있을까?

방법은 간단하다. 문장을 입으로 계속 반복해서 외우면서 문장 속에 있는 한자를 뚫어지게 쳐다보면서 그 한자의 발음을 입으로 계속 반복적으로 외우는 것이다. 단순하지만 이 방법이 가장 이상적이라고 생각한다. 핵심은 한자를 쓰면서 외우지 말고 눈으로 보면서 외우라는 것이다. 우리나라는 종이가 한 장이라도 아까운 나라인데, 쓸데없이 볼펜을 낭비하면서 종이에 한자를 쓰면서 외우지 말라는 뜻이다. 쓰면서 외우지 말고 눈으로 보면서 입으로 한자의 발음을 계속 반복하면서 외우는 것이 가장 이상적인 한자 외우기 방법이라고 생각한다.

2부

통째로 외우는
일본어 프리토킹
문법 105

001 ～라고 합니다.

と聞きます, と言われています, そうです를 직역하면 と聞きます〈라고 듣습니다.〉, と言われています〈라고 말이 되어지고 있습니다.〉, そうです〈라고 합니다.〉이다. そうです 앞에는 と가 붙지 않는 것에 유의해야 한다.

세계 인구가 점점 늘어난다고 합니다.

世界の人口がだんだん増えると聞きます。

= 世界の人口がだんだん増えると言われています。

= 世界の人口がだんだん増えるそうです。

002 그냥 한 말입니다.

ただ言っただけです。를 직역하면 〈그냥 말한 것입니다.〉가 된다. 어색해 보이지만 이것이 자연스러운 표현이다. 또한 〈그냥 한 말입니다.〉를 그대로 일본어로 하면 〈ただした話です。〉라는 문장이 되는데, 오히려 어색한 표현이다.

003 ようです의 접속 방법

❶ 静かだ (형용동사)

여기는 조용한 것 같습니다.

ここは静かなようです。(형용동사는 だ를 な로 바꾸고 ようです 접속)

❷ 寒い (형용사)

이 방은 추운 것 같습니다.
この部屋は寒いようです。 (형용사는 그대로 ようです 접속)

❸ 大人 (명사)

저 사람은 어른 같습니다.
あの人は大人のようです。 (명사는 のようです 접속)

❹ 行く (동사)

기무라 씨는 내일 가는 것 같습니다.
木村さんは明日行くようです。 (동사는 그대로 ようです 접속)

004 聞く、聞いてみる、聞こえる、聞き取るの 차이점

聞く는 〈듣다, 묻다〉의 두 가지 뜻이 있고, 聞いてみる는 "물어
보다"이고, 聞こえる는 〈(소리)가 들리다〉, 聞き取る는 〈(외국어)
를 알아듣다〉라는 뜻이다.

지금 잘 듣고 있습니다.
今よく聞いています。

하나 물어보고 싶은 것이 있습니다.
一つ聞いてみたいことがあります。
＝一つ聞きたいことがあります。

당신이 말하는 것이 (소리가 작아서) 잘 안 들립니다.

あなたの言っていることがちゃんと聞こえないです。

당신이 말하는 것이 너무 빨라서 잘 알아들을 수 없습니다. (일반적으로 외국어를 들을 때 쓰임)

あなたの言っていることが速すぎてよく聞き取れないです。

005 すぎる(너무~하다)의 용법

어제 너무 마셔서 괴롭습니다.

昨日飲みすぎて辛いです。(5단 동사 연용형 + すぎる)

너무 먹어서 배가 빵빵합니다.

食べすぎてお腹が一杯です。(1단 동사 연용형 + すぎる)

너무 추워서 괴롭습니다.

寒すぎて辛いです。(형용사 い 떼고, すぎる 접속)

너무 조용해서 오히려 공부가 안 됩니다.

静かすぎてかえって勉強が出来ないです。

(형용동사 だ 떼고, すぎる 접속)

006 見る、見える、見せる의 차이점

見る는 〈보다〉, 見える는 〈보이다〉, 見せる는 〈보여 주다〉이다.

바다를 보고 싶습니다.
海を見たいです。

저 큰 산이 보입니까?
あの大きい山が見えますか。

지금 손에 들고 있는 것을 보여 주세요.
今手に持っているのを見せてください。

007 着る와 切る의 발음과 する와 知る의 발음

위의 발음에서 핵심은 시옷받침을 하고 안 하고의 차이점이다.

빨리 입어 주세요.
早く着てください。(키테 쿠다사이)

빨리 잘라 주세요.
早く切ってください。(킷떼 쿠다사이)

지금 일을 하고 있습니다.
今仕事をしています。(시테이마스)

나도 알고 있습니다.
私も知っています。(싯떼이마스)

008 형용사, 명사, 형용동사, 동사의 なる 접속방법

❶ 寒^{さむ}い 춥다 (형용사)

어제부터 추워졌습니다.

昨日^{きのう}から寒くなりました。(형용사는 어미 い를 떼고 くなる 접속)

❷ 大人^{おとな} 어른 (명사)

그녀도 이제 어른이 되었습니다.

彼女ももう大人になりました。(명사는 바로 뒤에 になる 접속)

❸ 静^{しず}かだ 조용하다 (형용동사)

밤이 되어서 조용해졌습니다.

夜^{よる}になって静かになりました。

(형용동사는 어미 だ를 떼고 になる 접속)

❹ 行^いく 가다 (동사)

(걸어서 가고 싶었는데) 걸어서 갈 수 있게 되었습니다.

歩^{ある}いて行^いけるようになりました。(동사는 바로 뒤에 ようになる 접속)

(걸어서 가기 싫었는데 어쩔 수 없이) 걸어서 가게 되었습니다.

歩いて行くことになりました。(동사는 바로 뒤에 ことになる 접속)

009 ければ는 형용사의 가정 표현이고, ならば는 명사와 형용동사의 가정 표현

추우면 안으로 들어갑시다.

寒ければ中に入りましょう。(형용사는 어미 い를 떼고 ければ 접속)

어른이라면 입장할 수 있습니다.

大人ならば入場出来ます。(명사는 바로 뒤에 ならば 접속)

조용하면 좋겠는데요.

静かならばいいでしょうが。(형용동사는 어미 だ를 떼고 ならば 접속)

010 〈~할 수 없습니다〉와 〈~할 수는 없습니다.〉의 차이점

"는"이 있고 없고에 따라 의미에서 차이점이 난다.

지금 전쟁으로 고국에 돌아갈 수 없습니다.

今戦争で国に帰れないです。

아직 시간이 안 되었기 때문에 지금 돌아갈 수는 없습니다.

まだ時間になっていないので今帰るわけにはいかないです。

(동사 원형 + わけにはいかない)

배가 불러서 더 이상 먹을 수 없습니다.

お中が一杯なのでこれ以上食べられないです。

아직 먹지 않은 사람이 있기 때문에 전부 먹을 수는 없습니다.

まだ食べていない人がいるので、全部食べるわけにはいかないで
す。(동사 원형 + わけにはいかない)

011 형용사〈いい、よい、ない、いない〉+そうだ로 쓰일 경우 さ가 필요

❶ いい＝よい

그것보다는 이것이 좋을 것 같습니다.

あれよりはこれがよさそうです。

❷ ない

가방 안에는 차키가 없을 것 같습니다. (사물, 식물)

かばんの中には車の鍵がなさそうです。

❸ いない

기무라 씨는 지금 회사에 없을 것 같습니다. (사람, 동물)

木村さんは今会社にいなさそうです。

❹ 暑くない

내일은 덥지 않을 것 같습니다.

明日は暑くなさそうです。

012 くらい와 ぐらい의 차이점

この、その、あの、どの 뒤에는 くらい가 오고 나머지 뒤에는 전부 ぐらい가 온다.

이 정도로 충분합니다.
このくらいで充分です。

몇 분 정도 걸립니까?
何分ぐらい掛かりますか。

013 後で와 後に

後で와 後には 둘 다 회화에서 많이 쓰인다. 後には 회화에서 거의 안 쓰고, 後では 틀린 표현이다. 또한 後には 앞에 分이 오는 경우가 대부분이다.

30분 뒤에 전화하겠습니다.
３０分 後で電話します。＝30分後に電話します。

밥을 먹은 뒤에 전화하겠습니다.
ご飯を食べた後で電話します。

밥을 먹고 나서 전화하겠습니다.
ご飯を食べてから電話します。

그 사람이 온 뒤에 시작합시다.
彼が来た後で始めましょう。

그 사람이 오고 나서 시작합시다.

彼が来てから始めましょう。

014 に付いては 内容, に対しては 대상

に付いては 내용에 대해서, に対しては 대상에 대해서 표현할

때 쓰인다.

한국의 경제에 대해서 이야기합시다.

韓国の経済に付いて話しましょう。

이 책의 내용에 대해서 이야기합시다.

この本の内容に付いて話しましょう。

오늘은 안중근에 대해서 공부합시다.

今日はアンジュングンに付いて勉強しましょう。

손님에 대해서 실례되는 말을 하지 마세요.

お客さんに対して失礼なことを言わないでください。

나는 일본에 대해서 좋은 감정을 가지고 있습니다.

私は日本に対していい感じを持っています。

일본은 안중근에 대해서 사형을 명령했습니다.

日本はアンジュングンに対して死刑を命じました。

015 特に와 別に

特には 〈특별히〉라는 뜻으로 쓰일 때는 뒤에 부정이 온다. 단,

〈특히〉라는 뜻으로 쓰일 때는 뒤에 긍정이 온다.

別にも "별로, 그다지"라는 뜻으로 쓰인다. 단, 別の는 〈다른〉이

라는 뜻이고, 別別には 〈따로〉라는 뜻이다.

特別には 〈특별히〉라는 뜻으로만 쓰이고, 긍정적이고 좋은 표

현에 쓰인다.

특별히 문제는 없습니다.

特に問題はないです。

그다지 문제는 없습니다.

別に問題はないです。

최근 한국의 연예인이 인기입니다. 특히 비가 대인기입니다.

最近韓国の芸能人が人気です。特にレインが大人気です。

당신을 위해서 특별히 선물을 준비했습니다.

あなたのために特別にプレゼントを準備しました。

뭔가 특별한 이벤트가 있습니까?

何か特別なイベントがあるんですか。

다른 물건은 없습니까?

他の物はないですか。＝別の物はないですか。

따로따로 싸 주세요.
別々に包んでください。

따로따로 쌉니까?
別々に包みますか。

016 買ってあげる와 おごる

일본어에서는 買ってあげる〈사 드리다〉와 같은 표현은 애들에게 쓰거나, 음식 이외에 옷이나 물건을 사 줄 때 쓰인다. 음식에 관해서 베풀 때는 おごる를 쓴다.

오늘 이 아이에게 맛있는 것을 사 드리겠습니다.
今日この子に美味しい物を買ってあげます。

이 아이에게 이쁜 옷을 사 주고 싶네요.
この子に綺麗な服を買ってあげたいですね。

오늘 내가 한턱 내겠습니다. (음식)
今日私がおごります。

오늘 내가 한턱 내도 되겠습니까? (음식)
今日私がおごってもいいですか。

017 のに〈~인데〉와 けど〈~인데〉의 구별

のに는 일반적으로 〈~인데〉라고 해석하는데 けど 〈~인데〉와
혼동되기 쉽기 때문에 〈~임에도 불구하고〉라고 해석하면 쉽게
이해된다.

아이인데, 담배를 피우고 있습니다.

子供なのにタバコを吸っています。〈명사 + なのに〉

조용한데, 공부가 안 됩니다.

静かなのに勉強が出来ないです。〈형용동사 + なのに〉

추운데, 밖에 있습니다.

寒いのに外にいます。〈형용사 + のに〉

가고 있는데, 계속 전화가 옵니다.

行っているのにずっと電話が来ます。〈동사 + のに〉

3년간 일본어 공부했는데, 아직 서툽니다.

3年間日本語の勉強してきたのにまだ下手です。

일본어를 배운 지 3년 지났는데, 아직 서툽니다.

日本語を習ってから3年経ったのにまだ下手です。

018 誤って, 失敗して, 間違っては 같은 표현

실수로 아이에게 술을 마시게 했습니다.

誤って子供にお酒を飲ませました。

＝失敗して子供にお酒を飲ませました。

＝間違って子供にお酒を飲ませました。

■**주의** 謝るは '사과하다'라는 뜻이다.

당신이 먼저 사과하는 편이 좋습니다.

あなたが先に謝った方がいいです。

당신이 먼저 사과하시오.

あなたが先に謝りなさい。

당신이 먼저 사과하세요.

あなたが先に謝ってください。

019 〈~할 뻔하다〉의 일본어 표현

❶ 転ぶ (넘어지다.)

길이 미끄러워서 넘어질 뻔했습니다.

道が滑って転びそうになったんです。

＝道が滑って転ぶところだったんです。

❷ 詐欺に逢う (사기당하다)

외국에서 사기당할 뻔했습니다.

外国で詐欺に逢いそうになったんです。

＝外国で詐欺に逢うところだったんです。

020 연장자에 대한 표현

나이가 많은 분을 표현할 때는 年輩の方々 ＝ お年寄りの方々라는 일본어가 쓰인다.

연배가 많으신 분에게는 정중하게 대해 주세요.

年輩の方々には丁寧に接してください。

＝お年寄りの方々には丁寧に接してください。

■ **주의** 老人たち〈노인들〉는 무례한 표현이다.

021 言う의 발음

言う가 회화에서 ゆう로 발음되기도 한다.

내가 말하지 않았니?

私が言ったんじゃないの。

내가 말했잖아?

私が言ったじゃん。

＝私が言ったじゃん。〈じゃん은 じゃないの의 줄임말입니다.〉

022 か, ね, よ의 쓰임새

か는 질문할 때, ね는 상대방 의견에 동의하거나, 감탄을 했을 때, よ는 상대방을 설득하거나 자신의 주장을 강하게 표현할 때 쓰인다.

이것 맛있습니다.

これ美味しいです。

이것 맛있습니까?

これ美味しいですか。

이것 맛있네요.

これ美味しいですね。

이것 맛있어요.

これ美味しいですよ。

023 가정을 나타낼 때에 쓰는 표현

だったら, なら, かったら, ければ는 모두 가정을 할 때에 쓰는 표현으로 형용사와는 아래의 예문과 같이 활용된다.

방이 더러우면 청소를 하면 되잖아요?

部屋が汚ないんだったら掃除をすればいいじゃないですか。

〈형용사 바로 뒤에 ん을 접속하고 だったら 접속〉

= 部屋が汚ないなら掃除をすればいいじゃないですか。

〈형용사 바로 뒤에 なら 접속〉

= 部屋が汚なかったら掃除をすればいいじゃないですか。

〈형용사 어미 い를 떼고 かったら 접속〉

= 部屋が汚なければ掃除をすればいいじゃないですか。

〈형용사 어미 い를 떼고 ければ 접속〉

돈이 없으면 내가 빌려 드리겠습니다.

お金がなかったら私が貸してあげます。

〈형용사 ない에서 어미 い를 떼고 かったら 접속〉

= お金がないんだったら私が貸してあげます。

〈형용사 ない에 바로 んだったら 접속〉

= お金がないなら私が貸してあげます。

〈형용사 ない에 바로 なら 접속〉

= お金がなければ私が貸してあげます。

〈형용사 ない에서 어미 い를 떼고 ければ 접속〉

■**주의** 형용동사와 접속하는 경우는 だったら, なら(ば)만 있다.

그 시계가 편리하면 나도 사겠습니다.

あの時計が便利だったら私も買います。

〈형용동사 便利だ에서 어미だ를 떼고 だったら를 접속〉

=あの時計が便利なら(ば)私も買います。

〈형용동사 便利だ에서 어미 だ를 떼고 なら(ば)를 접속〉

024 동사와 たら, んだったら, なら(ば), れば의 접속

"~하면"을 나타내는 たら, んだったら, なら(ば), ば, と가 동사와
어떻게 접속되는지 알아보자.

나는 술을 마시고 나면 바로 집으로 갈 예정입니다.

私はお酒を飲んだらすぐ家に帰るつもりです。

〈동사 飲む의 연체형 飲んだら로 변형 후 접속〉

오늘 한잔 마신다면 나도 불러 주세요.

今日一杯飲んだったら私も呼んでください。

〈동사 飲む 뒤에 바로 んだったら를 접속〉

= 今日一杯飲むなら(ば)私も呼んでください。

〈동사 飲む 뒤에 바로 なら(ば)를 접속〉

私はお酒を飲めばすぐ寝ます。

〈동사 飲む의 어미 む를 え단으로 바꾸고 ば를 접속〉

私はお酒を飲むとすぐ顔が赤くなります。

〈동사 飲む 뒤에 바로 と를 접속〉

025 명사와 だったら, なら(ば)의 접속

명사와 접속하는 경우는 だったら, なら(ば)만 있다.

대학생이라면 누구라도 참가할 수 있습니다.
大学生だったら誰でも参加できます。

〈명사 大学生 뒤에 바로 だったら를 접속〉

= 大学生なら(ば)誰でも参加できます。

〈명사 大学生 뒤에 바로 なら(ば)를 접속〉

026 れば, と, たら의 확신성

れば, と, たら는 의미는 같지만 미묘하게 차이가 있다. 차이점
은 말하는 사람이 얼마나 확신을 가지고 말을 하느냐에 있다.

이 영화를 보면 누구나 웁니다. (말하는 사람이 100% 확신하고 말하는 느낌)
この映画を見ればだれでも泣きます。

이 영화를 보면 누구나 웁니다. (말하는 사람이 90% 확신하고 말하는 느낌)
この映画を見るとだれでも泣きます。

이 영화를 보면 누구나 웁니다. (말하는 사람이 70% 확신하고 말하는 느낌)
この映画を見たらだれでも泣きます。

027 몸의 기분 상태와 마음의 기분 상태 표현

気持ちは 몸에 관한 기분 상태를 표현하고, 気分은 생각과 마음에 관한 기분 상태를 표현한다.

마사지를 받아서 기분이 좋아졌습니다.
マッサージを受けて気持ちがよくなりました。

합격했다는 이야기를 들어서 기분이 좋아졌습니다.
合格したという話を聞いて気分がよくなりました。

028 くれる, もらう, あげる의 의미 구분

くれる는 〈(남이 나에게) 주다〉라는 의미를 가지고 있다. もらう는 〈(남이 남으로부터) 받다〉, 〈(내가 남으로부터) 받다〉라는 의미이고, あげる는 〈(남이 남에게)드리다〉,〈(내가 남에게) 드리다〉라는 의미이다.

다나까 씨가 나에게 책을 주었습니다.
田中さんが私に本をくれました。

내가 다나까 씨로부터 책을 받았습니다.
私が田中さんから本をもらいました。

내가 다나까 씨에게 책을 드렸습니다.
私が田中さんに本をあげました。

다나까 씨가 나로부터 책을 받았습니다.

田中さんが私から本をもらいました。

029 決める와 決まる의 차이점

決める는 〈~을 결정하다〉이고, 決まる는 〈~이 결정되다〉이다.

내일 어디로 갈지 결정했습니까?

明日どこに行くのか決めましたか。

무엇을 먹을지를 결정했습니까?

何を食べるのかを決めましたか。

내일 어디로 갈지를 누가 결정합니까?

明日どこに行くのかを誰が決めますか。

무엇을 할지는 아직 정하지 않았습니다.(의역) *정하고 있지 않습니다.(직역)

何をするかはまだ決めていないです。

내일 어디로 갈지 결정되었습니까?

明日どこに行くのか決まりましたか。

무엇을 먹을지는 결정되었습니까?

何を食べるのかは決まりましたか。

내일 어디로 갈지는 사장님에 의해서 결정됩니다.

明日どこに行くのかは社長によって決まります。

무엇을 할지는 아직 정해지지 않았습니다.

何をするかはまだ決まっていないです。

030 進める와 進む

進める는 〈~을 추진하다〉이고, 進む는 〈~이 추진되다〉이다.

일을 빨리 추진하고 싶습니다.

仕事を早く進めたいです。

일이 빨리 추진되지 않습니다.

仕事が早く進まないです。

031 たい는 형용사, たがる는 동사

たがる는 그 사람, 그녀, 사람들과 같이 너와 나 이외의 3인칭의 마음을 표현할 때에 쓰인다. 다시 말해 たい는 형용사로서 〈~하고 싶다〉라는 의미이고, たがる는 동사로서 〈~하고 싶어 한다〉라는 의미이다. 〈동사 ます형에 접속한다.〉

나는 이 옷을 사고 싶습니다. 〈1인칭〉

私はこの服を買いたいです。

당신도 이 옷을 사고 싶습니까? 〈2인칭〉

あなたもこの服を買いたいですか。

그녀도 이 옷을 사고 싶어 하고 있습니다. 〈3인칭〉

彼女もこの服を買いたがっています。

그녀도 이 옷을 사고 싶습니다. 〈어색한 일본어〉

彼女もこの服を買いたいです。(×)

032 ように가 〈~처럼〉으로 쓰일 때

ように가 〈~처럼〉으로 쓰일 때는 명사와 동사 형용동사 뒤에 쓰인다.

당신처럼 일찍 일어나고 싶습니다.

あなたのように早く起きたいです。〈명사 + のように〉

이 시계는 아주 편리한 것처럼 보이네요.

この時計はとても便利なように見えますね。〈형용동사 + なように〉

내가 말한 것처럼 만들어 주세요.

私が言ったように作ってください。〈동사 + ように〉

■ 참고

내가 말한 대로 만들어 주세요.

私が言った通りに作ってください。

033 ようにが 〈~도록〉으로 쓰일 때

ように가 〈~도록〉으로 쓰일 때는 형용사와 동사 뒤에 접속한다.

실패하지 않도록 열심히 하세요.

失敗_{しっぱい}しないように頑張_{がんば}ってください。〈형용사+ように〉

성공하도록 열심히 하세요.

成功_{せいこう}するように頑張ってください。〈동사+ように〉

성공할 수 있도록 열심히 하세요.

成功できるように頑張ってください。〈동사+ように〉

034 ようとします와 ようと思_{おも}います의 차이점

ようとします는 지금 즉시 행동으로 옮기는 표현이고, ようと思_{おも}います는 지금 즉시 행동으로 옮기기보다 생각만 하고 있는 표현이다. 접속은 〈동사 ます형 +ようとします, ようと思_{おも}います〉

밥을 먹으려고 합니다.

ご飯_{はん}を食_たべようとします。

밥을 먹으려고 생각합니다.

ご飯_{はん}を食_たべようと思います。

035 思う와 考える의 차이점

思う는 막연하게 생각하는 표현이고, 考える는 구체적인 계획을 세워서 생각하는 표현이다.

그 사람은 결혼을 해볼까 (막연하게) 생각하고 있습니다.
彼は結婚をしようかなと思っています。

cf) 彼は結婚を思っています。(×)

그 사람은 결혼을 (구체적으로) 생각하고 있습니다.
彼は結婚を考えています。
=彼は結婚をしようと思っています。

(위의 경우에는 앞에 しようと라는 의지가 있기 때문에 구체적으로 생각하는 것이다.)

내일 바다에 가서 무엇을 하면서 놀 것인가를 생각해 봅시다.
明日海に行って何をしながら遊ぶのかを考えてみましょう。

내일 바다에 가서 무엇을 하면서 놀 것인가를 생각해 봅시다.
明日海に行って何をしながら遊ぶのかを思ってみましょう。(×)

■**주의** 무엇을 하면서 놀 건지는 구체적으로 생각해야 하기 때문에 考えてみましょう가 적합하다.

036 掛ける와 掛かる의 차이점

掛ける는 〈(시간, 돈)을 들이다, (전화)를 걸다〉라는 뜻의 타동사이고며, 掛かる는 〈(시간, 돈)이 들다, (전화)가 걸리다〉라는 뜻의 자동사이다.

이 요리를 만드는 데 30분이 걸렸습니다.
この料理を作るのに３０分が掛かりました。

이 요리를 만드는 데 30분을 들였습니다.
この料理を作るのに30分を掛けました。

이 빌딩을 짓는 데 일억 엔이 들었습니다.
このビルを建てるのに一億円が掛かりました。

이 빌딩을 짓는 데 일억 엔을 들였습니다.
このビルを建てるのに一億円を掛けました。

다나까 씨로부터 전화가 걸려 왔습니다.
田中さんから電話が掛かってきました。

다나까 씨에게 전화를 걸었습니다.
田中さんに電話を掛けました。

多くの는 〈많은〉이라는 뜻의 형용사라고 생각하면 좋고, 多く는 〈많이〉라는 부사이다. 多い 는 〈많다〉라는 뜻의 형용사이다.

많은 사람들이 모여 있네요.

多くの人が集まっていますね。

= たくさんの人が集まっていますね。

cf) 多い人が集まっていますね。(×) 多い라는 말은 서술형에 쓰임.

학생들이 많네요.

学生が多いです。

사람들이 많이 모여 있네요.

人が多く集まっていますね。

= 人がたくさん集まっていますね。

038 みたいです와 ようです의 차이점

みたいです 는 ようです 보다 더욱 편한 자리에서 쓰는 표현임.

그는 돈을 꽤 가지고 있는 것 같습니다.

彼はお金をけっこう持っているようです。〈동사원형 + ようです〉

= 彼はお金をけっこう持っているみたいです。〈동사원형 + みたいです〉

cf) 〈동사원형 + そうです〉는 〈~라고 합니다.〉라는 뜻이 된다.

그는 돈을 꽤 가지고 있다고 합니다.

彼はお金をけっこう持っているそうです。〈동사원형 +そうです〉

039 국어의 자신감은 일본어에서 自信

일본어에서는 自信感(자신감)이라는 단어를 쓸 때 感은 빼고, 自信만을 쓴다.

나는 일본어에 자신감이 있습니다.

私は日本語に自信があります。〈感은 필요없다.〉

cf) 私は日本語に自信感があります。(×)

040 から와 ので의 차이점

ので는 서술어인 です와 접속해서 쓰이지 않고, 문장 사이에 쓰인다.

내가 집에 돌아간 이유는 피곤했기 때문입니다.

私が家に帰った理由は疲れていたからです。

cf) 私が家に帰った理由は疲れたのでです。(×)

(ので는 서술어인 です와 접속해서 쓰이지 않고, 문장 사이에 쓰입니다.)

나는 피곤했기 때문에 집에 돌아갔습니다.

私は疲れたので、家に帰りました。

041 習う와 教えてもらう와 教わる와 学ぶ

習う는 운동, 외국어 등 반복적인 학습을 통해 배우는 분야에 쓰인다. 教えてもらう는 거의 앞에 가르쳐 주는 사람이 온다. 教えてもらう의 초점은 누구한테 배우는가이다. 또한 단순한 메일주소나 전화번호 사소한 것(노래 한곡)을 가르쳐 받을 때도 자주 쓰인다. 教わる는 어려운 학문이나 가정 교육 등을 배울 때 쓰인다.(정중한 표현) 또한 教えてもらう와 같이 사소한 것(노래 한곡)을 배울 때도 자주 쓰인다. 学ぶ는 수학, 과학 등과 같이 학문을 배울 때 쓰이며, 인생을 배울 때도 쓰인다.

나는 유치원 시절부터 피아노를 배워 왔습니다.(과거부터 현재까지 배우고 있다는 뜻)

私は幼稚園のころからピアノを習っているんです。

아직 그 선생님으로부터는 물리를 배우고 있지 않습니다.

まだあの先生からは物理を教えてもらっていないです。

그 사람한테서 전화번호 가르쳐 받았니?

あの人から電話番号教えてもらったの。

나는 아이 때부터 남을 욕하면 안 된다고 배웠습니다.

私は子供の時から人の悪口を言ったら駄目だと教わっています。

나는 지금 대학에서 수학을 배우고 있습니다.

私は今大学で数学を学んでいます。

선생님으로부터 인생의 살아가는 법에 대해서도 배우고 있습니다.

先生から人生の生き方についても学んでいます。

042 似ると 항상 似ている의 형태로 쓰인다

아래의 문장을 한국어로 그대로 직역하면 "다나까 씨는 자기 어머니랑 닮고 있습니다."가 되어 이상해 보이지만 일본어에서는 지금 현재 닮아 있는 상태라는 것을 강조하기 때문에 이 표현이 자연스럽다.

다나까 씨는 자기 어머니랑 닮았습니다.

田中さんは自分のお母さんと似ているんです。

043 일본어에서는 애인이 없는 사람은 프리(フリー)

일본어에서는 애인이 없는 사람을 솔로(ソロ)라고 하지 않고 프리(フリー)라고 한다.

나는 아직 솔로입니다.

私はまだフリーです。

044 たち

일본어에서 たち는 그 문장에 いっぱい, たくさん, たくさんの, 多い, 多くの 등과 같이 "많다"는 표현을 하는 단어가 오면 쓰지 않고, 다만 정확히 복수의 사람으로 표현해야 하는 경우에는 たち를 쓴다.

사람이 많이 있네요.

ひと おお
人が多くいますね。

많은 사람들이 모여 있네요.

あっ
たくさんの人が集まっていますね。

당신들은 어디서 왔습니까?(정확히 복수의 사람으로 표현해야 하는 경우)

き
あなたたちはどこから来ましたか。

045 むしろ와 かえって의 차이점

둘 다 〈오히려〉라는 뜻으로 대체로 むしろ는 문어체이며, 좀 심각한 얘기를 할 때 쓰이고, かえって는 회화체이며, 비교적 가벼운 얘기를 할 때 쓰인다.

당신은 오히려 나에게 감사해야 한다고 생각하는데……

わたし かんしゃ おも
あなたはむしろ私に感謝すべきだと思うけどね。

충분히 잤는데 오히려 피곤합니다.

じゅうぶん ね つか
充 分 寝たのにかえって疲れるんです。

046 に와 で의 차이점

に다음에는 〈있다〉, 〈없다〉가 온다(존재). で다음에는 〈한다〉,

〈안한다〉가 온다 (행위). には, にも, では, でも도 마찬가지이다.

한국에는 그 차가 없습니다.

韓国にはその車がないです。

내일 한국에서 한일전 축구를 합니다.

明日韓国で韓日サッカー戦をします。

047 違う와 間違う의 차이점

違うと 〈다르다〉는 뜻이고, 間違うと 〈실수하다〉라는 뜻이다.

사람들이 자주 헷갈리는 표현들이다.

남자와 여자는 겉모습이 전혀 다릅니다.

男の人と女の人は見た目が全然違います。〈다르다〉

실수로 아이에게 술을 마시게 해버렸습니다.

間違って子供にお酒を飲ませてしまったんです。〈실수하다〉

048 必ず, きっと, 是非の 차이점

必ず, きっと, 是非는 전부 "꼭"이라는 뜻을 가지고 있는데, きっ
とと는 뒤에 추측에 관한 표현이 많이 나오고, 是非는 뒤에 부탁
을 하는 표현이 많이 나온다. 이것 이외에는 거의 전부 必ず를
쓰면 무방하다.

꼭 오겠죠.

きっと来るでしょう。

꼭 올 거라고 생각합니다.

きっと来ると思います。

꼭 놀러 오세요

是非遊びに来てください。

꼭 조언 부탁합니다.

是非アドバイスをお願います。

내년에는 꼭 일본에 놀러 갈 겁니다.

来年は必ず日本に遊びに行きます。

049 減る와 縮まる와 縮む의 차이점

減る는 다방면으로 쓰인다. 縮まる는 수명과 키에 관해서 많이 쓰인다. 縮む는 거의 세탁에 관해서만 쓰인다.

체지방이 줄었습니다.
体脂肪が減りました。

체중이 줄었습니다.
体重が減りました。

인구가 줄었습니다.
人口が減りました。

흡연자가 줄었습니다.
喫煙者が減りました。

수입이 줄고 있습니다.
収入が減っています。

담배 때문에 수명이 줄었습니다.
たばこで寿命が縮まりました。

부모자식의 연령차가 전혀 줄고 있지 않습니다.
親子の年齢差が全然縮まっていないです。

신장이 줄었습니다.
身長が縮まりました。

청바지를 빨았더니 줄어들었습니다.

ジーンズを洗ったら縮みました。

세탁물이 줄어들었습니다.

洗濯物が縮みました。

세탁으로 옷이 줄어들어 버렸습니다.

洗濯で服が縮んでしまいました。

050 位, 等의 차이점

位를 쓰는 경우 = 미스 코리아 대회 순위, 가요 순위, 스포츠 경

기 순위, 인기 투표 순위, 드라마 순위, のど自慢(노래 자랑)순위,

국가 경제력 순위.

等을 쓰는 경우 = 복권 당첨 순위, かけっこ(초등학교에서 운동회

때의 아이들 달리기)순위, 웬만하면 거의 位를 쓴다.

이번에 노래 자랑에서 1위를 한 기무라 씨를 소개하겠습니다.

今回ののど自慢で1位を取った木村さんを紹介します。

기무라 씨가 복권에서 1등에 당첨되었다고 들었는데, 정말입니까?

木村さんが宝くじで一等に当たったと聞きましたけど、本当です

か。

051 大抵와 大体와 大部分의 차이점

大抵는 일반적으로 〈대체로〉라는 뜻이 강하다. 즉, 일반적 경향을 나타낼 때 자주 쓴다. 大体는 〈대체로〉라는 뜻으로도 쓰이지만, 〈대략〉이라는 뜻으로도 쓰인다. 이때는 뒤에 수치를 나타내는 숫자가 오는 경우가 많다. 大部分은 大部分です의 형식으로 서술형으로 많이 쓰인다.

최근 우리 가게에 오는 손님은 대체로 여자가 많습니다.

最近うちの店に来るお客さんは大抵女性が多いです。

최근 우리 가게에 오는 손님은 대체로 여자가 많습니다.

最近うちの店に来るお客さんは大体女性が多いです。

거기까지 가는 데 대략 30분 정도 걸릴 것 같습니다.

そこまで行くのに大体３０分ぐらいかかりそうです。

최근 우리 가게에 오는 손님은 여자가 대부분입니다.

最近うちの店に来るお客さんは女性が大部分です。

052 面倒くさがる는 面倒くさ + がる의 형태

面倒くさがる는 형용사인 面倒くさい의 어미 面倒くさ + がる의 형태로 3인칭인 彼, 彼女, 人たち의 상태를 나타낼 때 쓰인다. 품사는 동사가 된다.

나는 청소가 귀찮습니다.

私は掃除が面倒くさいです。

〈1인칭인 私가 오는 경우에도 형용사가 온다.〉

당신은 청소가 귀찮습니까?

あなたは掃除が面倒くさいですか。

〈2인칭인 あなた가 오는 경우는 형용사가 온다.〉

그는 청소를 귀찮아 합니다.

彼は掃除を面倒くさがります。〈또한 앞에 조사는 を가 온다.〉

053 増える 와 増す

増える와 増す의 차이를 공식화시켜서 말할 수는 없다. 또 그런
식으로 공식화시켜서 외운다 한들 실전에서는 크게 도움이 안
된다. 최고의 왕도는 예문을 통째로 많이 외우는 것이다.

최근 체중이 증가하고 있습니다.

最近体重が増えています。

점점 빚이 늘어나고 있습니다.

だんだん借金が増えています。

최근 근육이 늘어나고 있습니다.

最近筋肉が増えています。

최근 면접의 기회가 늘어나고 있습니다.

最近面接の機会が増えています。

점점 금연자가 증가하고 있습니다.

だんだん禁煙者が増えています。

점점 고령자가 증가하고 있습니다.

だんだん高齢者が増えています。

작년부터 범죄가 증가하고 있습니다.

去年から犯罪が増えています。

최근 먹는 양이 늘고 있습니다.

最近食べる量が増えています。

최근 집중력이 높아지고 있습니다.

最近集中力が増しています。

점점 강도를 늘리고 있습니다.

だんだん強度を増しています。

법의 엄격함을 더하고 있습니다.

法の厳しさを増しています。

어제부터 추위가 더해지고 있습니다.

昨日から寒さが増しています。

054 まさに와 すぐ의 차이점

まさに와 すぐ는 둘 다 '바로'라는 뜻이 있지만 쓰임이 다르다.

방금 다나까 씨가 말한 것이 바로 정답입니다.
さっき田中さんが言ったのがまさに正解です。

병원은 바로 앞에 있습니다.
病院はすぐ前にあります。

지금 바로 가겠습니다.
今すぐ行きます。

055 どう와 どんなに의 차이점

どう는 이성적인 표현이고, どんなに는 감정이 들어 있는 표현
이다.

한국과 일본의 문화는 어떻게 다릅니까?
韓国と日本の文化はどう違いますか。

언어가 통하지 않는 사람은 아무리 멋있어도 좋아하지 않습니다.
言語が通じない人はどんなに格好よくても好きじゃないです。

056 興味와 関心의 차이점

이성에게 관심이 있을 때는 興味만을 쓴다. 또한 興味는 어떤

취미에 대해서 즐기는 수준으로 관심이 있을 때 쓴다. 関心은

단순히 즐기는 수준을 넘어서 그 분야에 대해서 전문적으로 파고들고 싶을 때 쓰는 표현이다.

나는 옛날부터 일본 여성에게 관심이 있습니다.
私は昔から日本の女性に興味があります。

지금까지 전혀 흥미가 없었던 피아노를 배우게 되었습니다.
今まで全く興味がなかったピアノを習うことになりました。

그는 야구에 흥미가 있다고 했습니다.
彼は野球に興味があると言いました。

나는 예전부터 정치에 관심이 있어서 정치학을 공부하고 있습니다.
私は以前から政治に関心があって政治学を勉強しています。

057 こと와 もの의 차이점

こと와 もの는 둘다 "것"이라는 뜻이 있는데, こと는 눈에 보이지 않은 것이나 일을 말하고, もの는 눈에 보이는 물건을 말하며, もの는 회화에서 생략 가능하다.

내가 말한 것을 잊지 마세요.
私が言ったことを忘れないでください。

어제 일어난 일에 대해 자세히 얘기해 주세요.
昨日起きたことについて詳しく話してください。

그것은 내 것입니다.

それは私のものです。

＝それは私のです。(회화에서는 もの 자체를 생략할 수 있다.)

058 내가 제일 먼저 왔습니다.

私が一番最初に来ました。(회화에서 많이 씀)

＝私が真っ先に来ました。(회화에서 적당히 씀)

＝私が一番先に来ました。(약간 오사카 방언)

059 事와 仕事의 차이점

事와 仕事는 둘다 "일"이라는 뜻을 가지고 있지만 事는 그냥 일 어난 일을 말하는 반면에 仕事는 "돈버는 일"을 말합니다.

어제 일어난 일로 좀 이야기하고 싶습니다.

昨日起きた事でちょっと話したいです。

(事는 일어난 일을 말한다.)

오늘은 일이 많아서 만날 수 없을 것 같습니다.

今日は仕事が多くて会えなさそうです。

(仕事는 회사의 업무를 말한다.)

060 감정이 섞인 あ~, そ~, こ~, ど~ 표현

こんな〈이런〉, あんな〈저런〉, そんな〈그런〉, どんな〈어떤〉, こんなに〈이렇게〉, あんなに〈저렇게〉, そんなに〈그렇게〉, どんなに〈어떻게〉 등의 표현들은 비교적 감정을 가지고 표현할 때 많이 쓰이는 단어들이다.

나는 이런 까칠한 여자 친구와 교제해 나가는 것이 불안합니다.
私はこんなきつい彼女と付きあっていくのが不安です。

내가 그렇게 나쁩니까?
私がそんなに悪いですか。

061 이성적인 あ~, そ~, こ~, ど~ 표현

こういう〈이런〉, ああいう〈저런〉, そういう〈그런〉, どういう〈어떤〉, こう〈이렇게〉, ああ〈저렇게〉, そう〈그렇게〉, どう〈어떻게〉 등의 표현들은 비교적 이성을 가지고 표현할 때 많이 쓰이는 단어들이다.

이 문자는 어떤 의미입니까?
この文字はどういう意味ですか。

자신의 성격은 그렇게 쉽게 바뀌지 않습니다.
自分の性格はそう簡単に変らないです。

062 本屋さん에서 さん을 붙이는 이유

さん은 원래 사람에게만 붙여서 〈씨〉라는 뜻으로 쓰이지만 가게 이름 뒤에도 붙이는 경우가 많은데, 특별한 의미는 없이 단어를 부드럽게 하기 위한 것이다.

- パチンコ屋さん (파친코가게) • バイク屋さん (오토바이가게)
- 不動産屋さん (부동산 중개소) • クリーニング屋さん (세탁소)
- 写真屋さん (사진가게)

063 단어를 고급스럽게 하는 お

일본 사람은 단어 앞에 お를 붙이므로서 자신을 낮추고 단어 자체를 고급스럽게 표현하기도 한다.

お寺(절), お葬式(장례식), お店(가게), お料理(요리), お花見(꽃구경), お名前(이름), お知らせ(소식), お問い合わせ(문의)

064 どっちも와 どっちでも의 차이점

どっちも 뒤에는 긍정 부정 표현이 다 올 수 있다.

どっちでも 뒤에는 긍정 표현만 온다.

どっちも好きです。(O)   어느 쪽이나 좋습니다.

どっちも好きじゃないです。(O)   어느 쪽도 좋지 않습니다.

どっちでも好^すきです。(O)   어느 쪽이라도 좋습니다.

どっちでも好^すきじゃないです。(×)   어느 쪽이라도 좋지 않습니다.

065 恋人와 愛人의 차이점

愛人^{あいじん}은 결혼한 후 생긴 부인 이외의 애인, 즉 쉽게 말해서 결혼

한 사람이 바람을 피워서 생긴 애인을 말한다.

恋人^{こいびと}은 결혼을 하지 않은 사람의 애인, 즉 일반적으로 애인을

말할 때 자주 쓴다.

A: 저기 있는 야마다 씨와 팔짱을 끼고 있는 사람 부인은 확실히 아니죠?

A：あそこの山田^{やまだ}さんと手^てを組^くんでいる人^{ひと}確^{たし}か奥^{おく}さんじゃないです

よね。

B : 혹시 애인이 아닌가?

B：もしかしたら愛人じゃないかな。

여자 친구도 없고 왜 내 인생은 이렇게 재미가 없냐?

恋人もいないし、何^{なん}で俺^{おれ}の人生^{じんせい}こんなにつまらないの。

066 へ와 に의 차이점

지금 학교에 가고 있습니다.

今^{いま}学校^{がっこう}へ行^いっています。(단순히 학교라는 위치에 가는 것이다.)

지금 학교에 가고 있습니다.

今学校に行っています。

(학교의 본연의 존재 목적인 공부를 하기 위해 가는 것이다.)

067 楽しさ와 楽しみ의 차이점

楽しさ는 감상적이면서 폭이 아주 넓은 의미의 〈즐거움〉이라는 뜻이 있다. 楽しみ는 구체적이면서 폭이 좁은 취미나 취향을 나타내는 의미의 〈즐거움, 낙〉이라는 뜻이 있고, 또한 〈기대〉라는 뜻으로도 쓰인다.

다나까: 인생의 즐거움은 뭐라고 생각합니까?
人生の楽しさは何だと思いますか。

이시다: 뭔가를 계속 배워 나가는 것이라고 생각합니다.
何かをずっと学んでいくことだと思います。

다나까: 당신의 주말의 낙은 뭡니까?
あなたの週末の楽しみは何ですか。

이시다: 역시 골프입니다.

やっぱりゴルフです。

그의 메일을 언제나 기대하며 기다리고 있습니다.
彼のメールをいつも楽しみに待っています。

우리 아이는 다음 주에 유원지에 가는 것을 기대하고 있습니다.

うちの子供は来週遊園地に行くのを楽しみにしています。

068 사람에게만 붙는 たち

子供たち, 私たち, 男性たち, 仲間たち, 同僚たち, 自分たち, 女性たち, 君たち 등과 같이 たち는 대부분 사람에게만 붙고 물건에는 붙지 않는다.

商品たち (×)

食品たち (×)

■주의 友達たち (×) (友達는 단수와 복수의 표현이 같다.)

069 식사를 가리키는 명칭

식사를 가리키는 명칭에는 다양한 것들이 있다.

아침밥: 朝ご飯, 朝食, 朝飯 (남자만 씀)

점심밥: お昼ご飯, 昼食, 昼飯 (남자만 씀)

저녁밥: 夕ご飯, 夕飯, 夕食, 晩ご飯, 晩飯 (남자만 씀)

070 ずっとと はるかにの 차이점

ずっとと はるかには 둘 다 〈훨씬〉이라는 뜻을 가지고 있는데
はるかには 놀랄 정도로 강도가 센 경우 쓴다.

한국은 50년 전보다 훨씬 발전했습니다.
韓国は５０年前よりはるかに発展しました。

다나까는 작년보다 훨씬 키가 컸네요.(대략 10센티미터 정도 컸을 경우)
田中は去年よりずっと背が高くなったんですよね。

(만약 30센티미터 정도 커졌다면 놀라운 일이기 때문에 はるかに를 써도
될 것이다.)

071 きちんと、ちゃんと、しっかり、ろくにの 차이점

きちんと、ちゃんと、しっかりは 거의 비슷한데, ろくには 뒤에
항상 부정 표현이 온다.

일을 제대로 해 주세요.
仕事をきちんとしてください。

＝仕事をちゃんとしてください。

＝仕事をしっかりしてください。

그 사람은 일도 제대로 안 하면서 제일 일찍 집에 갑니다.
彼は仕事もろくにしないのに一番早く家に帰ります。

■ **참고** 정신이 나간 사람에게 정신 차리라고 할 때는 しっかり만 쓴다.

정신 차리세요.

しっかりしてください。

072 いろんな와 様々な의 차이점

회화에서는 비교적 いろんな를 많이 쓰고 様々な는 문어체 표현에 많이 쓴다.

젊을 때는 여러 가지 경험을 하는 편이 좋습니다.

若い時はいろんな経験をした方がいいです。(회화체)

이 세계에는 다양한 동물들이 살고 있습니다.

この世界には様々な動物が住んでいます。(문어체)

073 と, たら, なら, ば는 가정의 표현

〈~하면〉이라는 가정의 표현에는 と, たら, なら, ば 4가지가 있다.

❶ と

• '절대 불변의 자연현상'에 대해 말할 때 と를 쓴다.

겨울이 되면 추워집니다.

冬になると寒くなります。

봄이 되면 꽃이 핍니다.

春になると花が咲きます。

- '너무나 당연한 일반적 상식'을 말할 때 と를 쓴다.

  과식하면 살이 찝니다.

  食べ過ぎると太ります。

- '길을 설명'할 때 と를 쓴다.

  왼쪽으로 돌면 은행이 보입니다.

  左に曲がると銀行が見えます。

❷ たら

- '~했더니'라고 표현할 때 たら를 쓴다.

  여자라고 생각하고 말을 걸었더니 남자였습니다.

  女の人だと思って声を掛けたら男の人だったんです。

- '~하는 게 어떨까요'라는 부드러운 권유의 표현 할 때 たら를 쓴다.

  이 영화를 보는 게 어떻습니까?

  この映画を見たらどうですか。

❸ なら

- '가정'할 때 なら를 쓴다.

  혹시 오늘 영화를 본다면 무엇을 보고 싶습니까?

  もし今日映画を見るなら何が見たいですか。

❹ ば

- '확신을 단정'할 때 ば를 쓴다.

  직접 해보면 알 겁니다.

  直接やってみれば分かります。

• '~하면 되잖아요?'라는 강한 표현을 할 때 ば를 쓴다.

(만약) 졸리면 자면 되잖아요?

眠^{ねむ}いなら寝^ねればいいじゃないですか。

074 世^よの中^{なか}와 世界^{せかい}의 차이점

世^よの中^{なか}는 〈세상〉이라는 뜻으로 감성적인 이야기에 쓰이고,
世界^{せかい}는 〈세계〉라는 뜻으로 시사적인 이야기에 쓰인다.

이 세상에는 누구나가 인정하는 일반 상식이라는 것이 있습니다.

この世の中には誰^{だれ}もが認^{みと}める一般常識^{いっぱんじょうしき}というのがあります。

현재 한국은 세계에서 13번째로 잘사는 나라입니다.

現在韓国^{げんざいかんこく}は世界で１３番目^{じゅうさんばんめ}に住^すみやすい国^{くに}です。

075 ごとに와 おきに의 차이점

ごとに는 〈~마다〉이고, おきに는 〈~간격으로〉라는 뜻이다.

10분마다 버스가 옵니다.

10分^{じゅっぷん}ごとにバスが来ます。

10분 간격으로 버스가 옵니다.

10分^{じゅっぷん}おきにバスが来ます。

일요일마다 풀장에 갑니다.
日曜日ごとにプールに行きます。

일주일 간격으로 풀장에 갑니다.
一週間おきにプールに行きます。

cf) 남자 친구에게 사사건건(일마다) 간섭을 받아서 괴롭습니다.
彼氏に事あるごとに干渉されてつらいです。

076 ないでと なくて의 차이점

ないで는 앞뒤 문장이 서로 연관성이 없는 단순 열거이고, なくて는 앞뒤 문장이 원인과 결과의 관계가 된다.

그는 오늘 학교에 가지 않고 친구와 놀러 갔습니다.
彼は今日学校に行かないで友達と遊びに行きました。

작업이 좀처럼 진행되지 않아서 곤란해 하고 있습니다.
作業がなかなか進まなくて困っています。

077 生きる와 住む의 차이점

이 세상에 살아 있는 모든 사람은 결국 누구나 죽습니다.
この世の中に生きているすべての人は結局誰でも死にます。

(생물학적 생존에 관해 표현할 때 쓴다.)

나는 지금 2층집에 살고 있습니다.

私は今2階建てに住んでいます。(주거에 관한 표현할 때 쓴다.)

078 いなさそうです와 なさそうです의 차이점

いなさそうです는 사람에게 쓰고, なさそうです는 사물에게 쓴다.

김 씨는 아직 돌아 올 시간이 아니라서 집에 없을 것 같은데요.

金さんはまだ帰る時間じゃないので家にいなさそうですけどね。

이제 표는 다 팔려서 1장도 없을 것 같습니다.

もう切符は売り切れて1枚もなさそうです。

079 愛와 恋의 차이점

愛는 무조건적으로 헌신하고 자신을 희생하는 사랑을 말하며, 남녀 관계뿐만 아니라 나라, 부모, 동물, 모든 생명체에 대한 사랑을 의미한다. 恋는 단순히 남녀간의 사랑만을 말하고 연애의 초기 단계에 쓴다. 恋가 발전하면 愛가 된다. 또한 남녀간 이외에는 恋를 쓰지 않는다. 만약 부모자식간에 恋를 쓰게 되면 서로를 이성으로 생각한다고 오해받을 수도 있다.

나는 내 나라를 사랑합니다.

私は私の国を愛します。

나는 옆집 남자를 사랑해 버렸습니다.

私は隣の男の人に恋してしまいました。

■ **참고** 를가 아닌 に가 온다는 것을 주의하라.

080 だろう와 でしょう의 차이점

의미는 같고, だろう는 반말이고 でしょう는 존대말이다.

내일은 꼭 오겠지.

明日はきっと来るだろう。

내일은 꼭 오겠죠.

明日はきっと来るでしょう。

081 話す와 言う, 語る, しゃべる의 차이점

話す는 적당히 긴 이야기를 상대방과 나눌 때 쓰인다. 言う는 단답형의 대답을 할 때 쓰인다. 語る는 한 사람이 청중 앞에서 일방적으로 이야기를 할 때 쓰인다. しゃべる는 話す와 의미가 비슷하지만 격식이 약간 떨어지며 그다지 중요하지 않은 대화를 할 때 쓰인다.

그와는 한 번도 이야기 해본 적이 없습니다.

彼とは一度も話したことがないです。

어느 쪽으로 갈 건지 빨리 말해 주세요.
どっちに行くのか早く言ってください。

등산의 매력을 이야기해 주세요.
登山の魅力を語ってください。

수업 중에 친구랑 수다를 떨어서 선생님에게 야단맞았습니다.
授業中に友達としゃべって先生に叱られました。

082 避ける와 避ける의 차이점

避ける는 싫은 사람, 위기, 꼴찌, 상황, 고통, 전쟁 등을 피할 때 쓰이는 표현이다. 避ける는 눈에 보이는 공, 돌맹이, 자동차, 물 웅덩이(水溜り) 등을 피할 때 쓰이는 표현이다.

이번 기말 고사에서 정말 꼴찌는 피하고 싶습니다.
今度の期末試験で本当にびりは避けたいです。

갑자기 공이 날아와서 피했습니다.
急にボールが飛んできて避けました。

083 通る와 通う의 차이점

通る는 어떤 장소를 통과할 때 쓰이고, 通う는 정기적으로 뭔가 를 배우기 위해서 어떤 장소를 다닐 때 쓰인다.

이곳은 내가 매일 다니는 길입니다.

ここは私が毎日通る道です。

내가 지금 다니고 있는 학원에서는 아직 화학은 가르치고 있지 않습니다.

私が今通っている塾ではまだ化学は教えていないです。

084 電車와 電鉄와 列車의 차이점

일반적으로 〈전철을 타다〉라는 말을 할 때는 電車に乗る라고 한다. 〈電鉄に乗る〉라는 말은 쓰지 않고, 전철 회사 이름 뒤에 붙는 경우는 있다.

西武電鉄(세이부 전철), 京王電鉄(게이오 전철), 小田急電鉄(오다큐 전철), 東急電鉄(도쿄 전철), 京急電鉄(게이큐 전철).

列車는 寝台列車(침대열차), 夜行列車(야행열차) 特急列車(특급 열차), イベント列車(이벤트열차) 등이 있고 도시가 아닌 지방으로 간다.

085 なければならない와 べきだ의 차이점

なければならない는 가벼운 주장할 때 쓰이고, べきだ는 강력한 주장을 할 때 쓰인다.

초등학생은 10시가 넘으면 자야 합니다.

小学生は10時を過ぎたら寝なければなりません。

세계 평화를 위해서는 절대적으로 전쟁을 그만 두어야 합니다.

世界平和のためには絶対的に戦争を止るべきです。
せかいへいわ　　　　　　　ぜったいてき　せんそう　やめ

086 できると生じるの차이점
　　　　　　しょう

できると 눈에 보이는 사물이 생겼을 때 표현하고, 生じると 추상적인 것이 생겼을 때 표현한다.
　　　　　　　　　　　　　　　　　　　　　　しょう

최근 목돈이 생겨서 새로운 비즈니스를 생각하고 있습니다.

最近まとまったお金ができて新しいビジネスを考えています。
さいきん　　　　　　かね　　　　　あたら

혹시 이 기계에 문제가 생기면 바로 연락 주세요.

もしこの機械に問題が生じたらすぐ連絡してください。
　　　　きかい　もんだい　しょう　　　　　れんらく

087 気軽にと気楽にの차이점
　　　きがる　　きらく

気軽には〈부담없이〉라는 뜻으로 생각하면 좋고, 気楽には〈마음 편하게〉라는 뜻으로 생각하면 좋다. 楽には〈몸을 편하게 할 때〉 가장 많이 쓰인다.
きがる　　　　　　　　　　　　　　　　　　　　きらく　　　　　　　　　　　　　　　　らく

우리 집에 부담없이 와 주세요.

うちに気軽に来てください。
　　　きがる　き

긴장하지 말고 마음 편하게 하세요.

緊張しないで気楽にしてください。
きんちょう

그는 조용히 혼자서 마음 편하게 지내고 싶어합니다.

彼は静かに一人で気楽に暮らしたがります。

거기에 있는 소파에서 편하게 있어요.

そこのソファーで楽にしていて。

088 あらかじめ와 前もって의 차이점

あらかじめ가 前もって보다 더 딱딱한 표현이다.

필요한 것을 미리 말씀해 주시면 준비해 놓겠습니다.

必要なものをあらかじめおっしゃってくださったら準備しておきます。

차표를 미리 사두는 것이 좋을 것 같습니다.

チケットを前もって買っておいた方が良さそうです。

089 です앞에 오는 ん 표현

です앞에 ん은 원래 문어체에서는 の인데 회화체에서는 ん으로 표현되고, 좀 더 자연스러운 회화체이 표현이 된다.

형은 친구랑 놀러갔습니다.

兄は友達と遊びに行ったんです。(동사 과거형에 접속)

교실은 아주 조용했습니다.

<ruby>教<rt>きょう</rt></ruby><ruby>室<rt>しつ</rt></ruby>はとても<ruby>静<rt>しず</rt></ruby>かだったんです。(형용동사 과거형에 접속)

그 영화는 이때까지 본 영화 중에 가장 슬펐습니다.

あの<ruby>映画<rt>えいが</rt></ruby>は今まで<ruby>見<rt>み</rt></ruby>た映画の<ruby>中<rt>なか</rt></ruby>で<ruby>一番悲<rt>いちばんかな</rt></ruby>しかったんです。

(형용사 과거형에 접속)

내가 어제 본 것은 가짜였습니다.

<ruby>私<rt>わたし</rt></ruby>が<ruby>昨日<rt>きのう</rt></ruby><ruby>見<rt>み</rt></ruby>たのはにせ<ruby>物<rt>もの</rt></ruby>だったんです。(명사 과거형에 접속)

090 に와 で의 차이점

に와 で의 차이점은 아주 광범위하지만 헷갈리기 쉬운 것을 몇

개 설명하겠다.

전기를 켜 놓은 채로 외출했습니다.

<ruby>電気<rt>でんき</rt></ruby>をつけっぱなしにして<ruby>出掛<rt>でか</rt></ruby>けました。

저는 갈색으로 염색하고 싶습니다.

<ruby>私<rt>わたし</rt></ruby>は<ruby>茶色<rt>ちゃいろ</rt></ruby>に<ruby>染<rt>そ</rt></ruby>めたいです。

상품으로 쌀을 받았습니다.

<ruby>賞品<rt>しょうひん</rt></ruby>にお<ruby>米<rt>こめ</rt></ruby>をもらいました。

기무라 씨는 이 노래로 모두에게 알려졌습니다.

きむらさんはこの<ruby>歌<rt>うた</rt></ruby>で<ruby>皆<rt>みんな</rt></ruby>に<ruby>知<rt>し</rt></ruby>られました。

2차로 클럽에 갔습니다.

2次回でクラブに行きました。

카드를 대면 자동으로 문이 열립니다.

カードを当てると自動でドアが開きます。

| 091 人気의 여러 가지 표현법

최근 이 소설이 인기가 있습니다.

最近この小説が人気があります。

최근 이 소설이 인기입니다.

= 最近この小説が人気です。

최근 이 소설이 인기를 모으고 있습니다.

= 最近この小説が人気を集めています。

최근 이 소설이 인기를 얻고 있습니다.

= 最近この小説が人気を得ています。

최근 이 소설이 인기가 높습니다.

= 最近この小説が人気が高いです。

cf) 最近この小説が人気がいいです。(×)

092 いわゆる와 言わば의 차이점

いわゆる(이른바) 뒤에는 신조어가 많이 온다. 言わば(말하자면) 뒤에는 신조어보다는 일반적으로 단어나 문장이 온다.

지금의 이 현상을 이른바 한류 붐이라고 합니다.
今のこの現象をいわゆる韓流ブームと言います。

그에게 있어서 사랑이란, 말하자면 모든 것을 희생하는 것입니다.
彼にとって愛とは, 言わばすべてを犠牲にすることです。

093 のに와 なのに

のに와 なのに는 〈~임에도 불구하고〉라고 해석하면 이해하기 쉽다.

가고 있는데 계속 전화가 오네요.
行っているのにずっと電話が来ますね。〈동사 + のに〉

추운데 옷을 입고 있지 않습니다.
寒いのに服を着ていないです。〈형용사 + のに〉

이것은 편리한데 인기가 없습니다.
これは便利なのに人気がないです。〈형용동사 + なのに〉

학생인데 공부를 하지 않습니다.
学生なのに勉強をしないです。〈명사 + なのに〉

094 ので와 なので의 차이점

ので와 なので는 〈~때문에〉라는 뜻으로 〈형용사와 동사〉 뒤에
는 ので가 오고, 〈명사와 형용동사〉 뒤에는 なので가 온다.

나는 아직 아이라서 정치에 대해서는 잘 모릅니다.
私はまだ子供なので政治についてはよく分からないです。

(명사 + なので)

시골은 조용해서 살기 좋습니다.
田舎は静かなので住みやすいです。

(형용동사 + なので)

나는 구속당하는 것이 괴로워서 결혼은 안 할 겁니다.
私は拘束されることがつらいので結婚はしないつもりです。

(형용사 + ので)

작업은 내일까지 끝낼 테니까 좀 더 기다려 주세요.
作業は明日までに終わらせるのでもうちょっと待ってください。

(동사 + ので)

095 식당을 가리키는 표현

식당을 지칭하는 표현은 다양하다.

食べ物屋さん (회화체)
= 食堂   (회화체)

= 料理屋さん （회화체）

= ご飯屋さん （회화체）

= 料理店 （문어체）

= 飲食店 （문어체）

096 それほど와 それぐらい의 차이점

それほど는 〈그렇게〉로 해석하면 되고, それぐらい는 〈그 정도로〉로 해석하면 된다. それほど는 そんなに와 의미가 거의 비슷하다.

그녀는 테니스를 그렇게 잘하지 못하는 사람입니다.
彼女はテニスがそれほど得意じゃない人です。

그렇게 친하지는 않은 동료로부터 식사 권유를 받았습니다.
それほど親しくはない同僚から食事に誘われました。

밖은 그렇게 춥지 않습니다.
外はそんなに寒くないです。

그것 정도는 스스로 하세요.
それぐらいは自分でしなさい。

두 사람이 그 정도로 나이 차이가 있습니까?
二人がそれぐらいに年の差がありますか。

097 ~に夢中になっている와 ~にはまっている의 차이점

둘 다 취미나 자신이 좋아하는 것에 빠져 있을 때 쓸 수 있는데 비교적 건전하고 바람직한 일, 공부, 운동 등에는 に夢中になっている를 쓰고, 비교적 건전하지 못한 도박, 파친코, 중독성이 있는 것 등에는 にはまっている를 쓴다.

나는 지금 공부에 열중하고 있습니다.
私は今勉強に夢中になっています。

나는 지금 운동에 열중하고 있습니다.
私は今運動に夢中になっています。

나는 지금 일본에 빠져 있습니다.
私は今日本に夢中になっています。

나는 지금 올림픽에 빠져 있습니다.
私は今オリンピックに夢中になっています。

나는 지금 소프트 테니스에 열중하고 있습니다.
私は今ソフトテニスに夢中になっています。

나는 지금 연애에 빠져 있습니다.
私は今恋愛に夢中になっています。

나는 지금 PC 게임에 열중하고 있습니다.
私は今パソコンゲームに夢中になっています。

그는 지금 휴대폰 소설에 빠져 있습니다.

彼は今ケータイ小説にはまっています。
しょうせつ

그는 지금 낚시에 빠져 있습니다.

彼は今釣りにはまっています。
いま　つ

그는 지금 파친코에 빠져 있습니다.

彼は今パチンコにはまっています。

그는 지금 채팅에 빠져 있습니다.

彼は今チャットにはまっています。

그는 지금 도박에 빠져 있습니다.

彼は今ギャンブルにはまっています。
いま

098 お酒와 酒의 차이점
さけ

お酒에서 お를 뺀 酒만을 말하면 좀 정중하지 못한 표현이 되
さけ

기 때문에 웬만하면 お가 붙을 수 있는 단어에는 お를 붙여서

나쁠 것은 전혀 없다.

お店(가게), お問い合わせ(문의), お名前(이름), お知らせ(소식),
みせ　　　　　と　あ　　　　　　なまえ　　　　　し

お答え(대답), お米(쌀), お城(성), お食事(식사), お弁当(도시락).
こた　　　　こめ　　　しろ　　　　しょくじ　　　　べんとう

099 一番, 一回, 一度의 차이점

一番은 순번의 번호를 의미하고, 一回는 횟수를 의미한다.
一度도 횟수를 의미하는데, 一回보다 정중체이다.

1번 문제를 풀 수 있는 사람은 손을 들어 주세요.
一番の問題ができる人は手をあげてください。

방 청소는 주 1회 합니다.
部屋の掃除は週1回します。

미국에는 한 번 가 본 적이 있습니다.
アメリカには一度行ったことがあります。

100 あるいは, 又は, もしくは, それとも의 차이점

あるいは와 又は와 もしくは와 それとも는 전부 〈아니면〉이라
는 뜻이지만, それとも만 문장과 문장을 연결할 때 쓰이고, 나머
지는 단어와 단어를 연결할 때 쓰인다.

여기에 아이가 2명 아니면 3명 있는 사람 있습니까?
ここに子供が二人あるいは三人いる人いますか。

추천할 영화 또는 소설이 있으면 가르쳐 주세요.
お勧めの映画又は小説があったら教えて下さい。

이번 주 혹은 다음 주에 일본에 여행 갈 예정입니다.

今週もしくは来週に日本に旅行に行く予定です。

이런 상황에서 참아야 할까요? 그렇지 않으면 이혼해야 할까요?

こんな状況で我慢すべきでしょうか. それとも離婚すべきでしょう

か。

101 過ぎるの活用

過ぎるは〈너무~하다〉라는 뜻으로 형용사, 동사, 형용동사와

합해져서 활용된다.

명품은 너무 비싸다고 생각합니다.

ブランド品は高過ぎると思います。

(형용사의 경우 高い에서 い를 뺀 高 + 過ぎる)

최근 일주일 계속 과음해서 오늘 아침에 얼굴을 봤더니 꽤 부어 있었습니다.

ここ一週間ずっと飲み過ぎて今日朝顔を見たらかなりむくんでいた

んです。

(동사의 경우 飲む의 ます형인 飲み + 過ぎる)

나는 너무 조용하면 잘 수 없습니다.

私は静か過ぎると眠れません。

(형용동사의 경우 静かだ에서 だ를 뺀 静か + 過ぎる)

102 思う와 考える의 차이점

思う는 막연히 생각하는 것이고, 考える는 구체적이고 계획적으로 생각하는 것이다.

나에게는 지금 결혼하고 싶다고 생각하는 남성이 있습니다.
私には今結婚したいと思っている男性がいます。(막연히 생각함)

현재 이혼을 생각하고 있습니다.
現在,離婚を考えています。(구체적으로 이혼을 계획하고 있음)

103 貸す와 返す와 借りる의 차이점

❶ 貸してあげる〈남에게 빌려주다〉

내가 김 씨에게 돈을 빌려주었습니다.
私が金さんにお金を貸してあげました。

❷ 貸してもらう〈남에게 빌려 받다〉

나는 어제 김 씨에게 돈을 빌려 받았습니다.
私は昨日金さんにお金を貸してもらいました。

❸ 貸してくれる〈남이 나에게 빌려주다〉

어제 김 씨가 나에게 돈을 빌려주었습니다.
昨日金さんが私にお金を貸してくれました。

❹ 返してもらう〈돌려받다〉

나는 어제 김 씨에게 돈을 돌려 받았습니다.

私は昨日金さんにお金を返してもらいました。

❺ 返す〈남에게 돌려주다〉

나는 어제 김 씨에게 돈을 돌려주었습니다.

私は昨日金さんにお金を返しました。

❻ 返してくれる〈남이 나에게 돌려주다〉

어제 김 씨가 나에게 돈을 돌려주었습니다.

昨日金さんが私にお金を返してくれました。

❼ 借りる〈빌리다〉

나는 어제 김 씨에게 돈을 빌렸습니다.

私は昨日金さんにお金を借りました。

104 ブランド品と名品の 차이점

ブランド品은 요즘 젊은 여자들이 좋아하는 명품을 지칭할 때
쓰이고, 名品은 유명한 예술 작품이나, 고가의 가구를 지칭할
때 쓰인다.

루이비통은 프랑스의 대표적인 명품입니다.

ルイヴィトンはフランスの代表的なブランド品です。

이 그림은 명품으로서의 가치가 있습니다.

この絵は名品としての価値があります。

105 명사 + 臭い의 활용

臭い는 명사와 접속〈명사 + 臭い〉해서 〈명사와 같은 느낌이 든
다〉라는 뜻으로 쓰인다.

이 방은 담배 냄새가 너무 진동을 해서 나가고 싶습니다.

この部屋はたばこ臭すぎて出たいです。

cf) 가끔 지하철을 타면 향수 냄새가 진동을 하는 사람이 있습니다.

たまに地下鉄に乗ったら香水のきつい人がいます。

(향수 냄새가 진동을 한다고 할 때는 香水のきつい라고 표현한다.)

통째로 외우는 **일본어 프리토킹** 공부법

2판 발행 2023년 3월 05일

지은이 | 한우영
펴낸곳 | 제일어학
펴낸이 | 배경태
디자인 | 이주연

주소 | 서울시 마포구 공덕동 463 현대하이엘 1728호
전화 | 02-3471-8080
팩스 | 02-6008-1965
e-mail | liveblue@hanmail.net
등록 | 1993년 4월 1일 제 25100-2012-24호

정 가 | 12,500원
ISBN 978-89-5621-081-0 13730

국립중앙도서관 출판시도서목록(CIP)

통째로 외우는 일본어 프리토킹 공부법 / 지은이: 한우영.
-- 서울 : 제일어학, 2017
  p. ;   cm

본문은 한국어, 일본어가 혼합수록됨
ISBN 978-89-5621-081-0 13730 : ₩12500

일본어 회화[日本語會話]

737.5-KDC6
495.68-DDC23   CIP2017014515